快速读懂民法典

物权编

我的财产我做主

路韫韬　主编

中国民主法制出版社

图书在版编目（CIP）数据

快速读懂民法典．物权编——我的财产我做主 / 路韫韬主编．-- 北京：中国民主法制出版社，2021.4

ISBN 978-7-5162-2136-5

Ⅰ．①快… Ⅱ．①路… Ⅲ．①民法—法典—中国—学习参考资料②物权法—中国—学习参考资料 Ⅳ．① D923.04 ② D923.24

中国版本图书馆 CIP 数据核字（2021）第 044179 号

图书出品人：刘海涛
出 版 统 筹：乔先彪
责 任 编 辑：庞贺鑫　谢瑾勋

书　　名 / 快速读懂民法典·物权编——我的财产我做主
作　　者 / 路韫韬　主编
插　　画 / 图图话话艺术教育·蛋糕老师

出版·发行 / 中国民主法制出版社
地址 / 北京市丰台区右安门外玉林里 7 号（100069）
电话 /（010）63055259（总编室）　63058068　63057714（营销中心）
传真 /（010）63055259
http: //www.npcpub.com
E-mail: mzfz@npcpub.com
经销 / 新华书店
开本 / 16 开　　640 毫米 ×920 毫米
印张 / 12　　**字数** / 79 千字
版本 / 2021 年 4 月第 1 版　　2021 年 4 月第 1 次印刷
印刷 / 唐山才智印刷有限公司

书号 / ISBN 978-7-5162-2136-5
定价 / 39.80 元

我叫王小强，自认是个达观的乐天派，虽不说事业有成，但也小有成绩，唯一的爱好就是研究法律，只因吃过不懂法的亏，也尝过以法律保护自己和身边朋友权益的成就感。

我所遇到过的纠纷，可能是你，也可能是他/她正在经历的纠纷，博学多思、古道热肠的我今天化身“普法男神”，让你远离法律盲区，为你保驾护航，让法律能够成为每一个人的合法武器！

民法典诞生

—物权编—

随着生活质量的不断提高，财产关系也日益增多，大到交易买卖、安家置业，小到社区邻里、路边拾遗，再到土地使用、担保、占有，面对以上关系产生的各种各样的纠纷，需要完善的物权制度为其“保驾护航”。

物权制度作为产权保护的基石，始终关系国计民生，重视时代发展的声音，始终致力于保护国家、集体和个人的财产，始终坚守公共财产的物尽其用原则。为了与时俱进，提升立法质效，2021年，《中华人民共和国民法典》（以下简称《民法典》）物权编“升级”而来，带着时代赋予的全新意义。

人们常说“安居才能乐业”，但一直以来，业主和物业总是矛盾重重——公共维修资金使用难、小区车位“一位难求”、业主团体表决难等，种种问题，让业主无法真正“当家做主”，物权编进一步明确了物业服务企业的义务，扩大了业主权利的行使，降低了决议通过的门槛，有效保障了业主建筑物区分所有权的实现，将大大激发社区自治的活力。

同时，为了保障特殊群体“老有所养”，“居住权”横空出世，体现了人文关怀和时代温情，是对经济弱势群体所提供的一种住房保障，也是有效贯彻物尽其用立法宗旨的全新立法。

除了保障城镇居民的各项权益，物权编对农村承包地也作了新的规定。为了落实承包地“三权分置”，推进农业农村现代化，新法明确了土地经营权的概念，以释放农村土地，实现农村土地的流转。

在担保物权方面，改变了对流押、流质条款的绝对禁止规定，提出“优先受偿”，让“钱货相抵”，更好地平衡各方权益，充分保护担保物权人和债权人的双重利益，彰显意思自治。

第一章 依法登记，做合法“物”主

1 买的房子未办理登记，就不属于自己吗？ 002
2 支付了部分房款，卖主后悔了怎么办？ 005
3 如何防止开发商“一房二卖”？ 008
4 好友假冒自己抵押房产成功，登记机构是否担责？ 011

第二章 良心交付，依法求偿

1 “一车二卖”，车辆归谁所有？ 016
2 先行占有的商品出现问题，维修费由谁出？ 019
3 已经出租的农用车，可以再卖给其他人吗？ 022
4 继承的房屋没有经过登记就转让，转让有效吗？ 025
5 快递员被撞，致使客人货物损坏，由谁赔？ 029

第三章 “物”有“物”主，有偿征用

1 出嫁的女子可以获得原籍的土地补偿费吗？ 034
2 防控新冠肺炎疫情期间，可以征用学生宿舍吗？ 038
3 村民从耕地里挖出来的文物，属于自己吗？ 041

4 债主有权私拿欠款人的东西抵债吗? 044
5 购买了车主不明的车辆，买卖是否成立? 047

第四章 业主有权，物业有责

1 一楼业主私建夹层，其他业主是否有权反对? 052
2 房子空置未住还要交物业费吗? 056
3 小区有权将车位卖给非业主吗? 060
4 业主委员会可以擅自将小区的公共区域出租吗? 064
5 楼房外墙的墙皮严重脱落，维修费由谁出? 068
6 利用楼顶和电梯张贴广告的收入，归谁所有? 071

第五章 邻里和谐，共有尊约

1 休闲会所太吵，影响居民休息怎么办? 076
2 封阳台排水口致邻居渗水的，责任谁担? 078
3 楼梯室顶檐伸入邻居家阳台，必须拆除吗? 083
4 出卖饭店股份，合伙人是否有优先购买权? 087
5 共同出资的车辆发生肇事，由谁赔偿? 090

第六章 路边拾遗，归还有德

1 丢失的鹦鹉被人卖掉，可以向买主要回吗? 094
2 丢失的笔记本被拾到者弄坏，是否该赔偿? 098
3 对捡到遗失物的人，必须给报酬吗? 103
4 被拍卖的遗失物，能要回吗? 106

5 索要走失的羊时，所生的羊崽归谁所有？ 109

第七章 占有使用“他物”，遵法而行

1 土地开发增值补偿费，归谁所有？ 114
2 在承包的土地上建设宾馆是否合法？ 118
3 农民的承包地可以出租给水果加工厂吗？ 121
4 建设用地的转让，要依法登记吗？ 124
5 房子七十年产权到期后，还能继续住吗？ 128

第八章 “居住”有温情，借“地”受约束

1 房子卖了以后还能住在里面吗？ 132
2 已经办理了居住权的房子，还能出租吗？ 137
3 未做地役权登记，第三人可以拒绝地役权吗？ 140
4 建设用地使用权转让后，地役权也一同转让吗？ 143

第九章 抵押与质押，钱货需相抵

1 抵押的汽车被撞了，还需提供其他担保吗？ 148
2 农村的耕地和宅基地能用来抵押吗？ 151
3 抵押的房屋，原有租客还能居住吗？ 155
4 抵押的车辆可以出售吗？ 158
5 “不还钱，东西就归我”，是否合法？ 161
6 转质的面包车被损坏，由谁赔偿？ 165

第十章 小心“留置”，谨慎“占有”

1 可以对来饭店吃“霸王餐”的顾客行使“留置权”吗？ 168
2 欠款 1000 元，可以留置欠款人价值 3000 元的物品吗？ 172
3 运输公司留置运输水果，对水果有保鲜义务吗？ 174
4 房客将出租屋地板严重损坏，房主可以扣除押金吗？ 176
5 非车主是否有权要求占有人返还车辆？ 179

依法登记，做合法“物”主。

第一章

1 买的房子未办理登记，就不属于自己吗？

几年前，何林将房屋转让给王小东，双方签署了一份房屋转让合同，但并未去办理房屋转让登记和过户手续。合同签订后，王小东便向何林交付了房款，并从何林手中得到了该房屋的钥匙，随后就搬进去住了。与此同时，何林向谭凯借款65万元，因何林无力偿还，于是与谭凯签署了一份房屋转让合同，完成了房屋转让登记，同时完成了房屋过户手续的办理。

谭凯取得房屋后，才发现王小东居住在此，遂令其搬走。王小东感到莫名其妙，执意不肯，认为何林、谭凯所签署的房屋转让合同属于恶意串通，存在欺诈行为，所以谭凯并不应获得该房屋的所有权。但王小强分析了案情后，告诉弟弟王小东说，此房屋应该归谭凯所有。

请问，本案例中的房屋为什么归谭凯所有？

小强说法

本案例主要涉及不动产所有权变动的相关问题，那么，不动产登记有哪些效力，不登记会造成哪些后果呢？

不动产登记指的是不动产权利人申请将不动产变动情况记载于不动产登记簿上的事实。不动产物权的变动主要包括不动产物权的设立、变更、转让和消灭四方面。

不动产登记后，随即发生不动产物权的变动后果，具有法律效力；未经不动产登记，则不发生不动产物权的变动后果，也不具有法律效力，但是法律另有规定的除外。

所谓“法律另有规定的除外”，主要指以下三方面：

（1）依法属于国家所有的自然资源，所有权可以不登记；

（2）非依法律行为而发生的物权变动的情形，如因司法仲裁或继承而发生的物权变动等；

（3）鉴于我国实际情况的其他因素。

综上而言，在转让不动产时，受让方不经登记，将无法获得不动产的所有权。本案例中，虽然王小东与何林之间签署的房屋转让合同真实有效，双方之间的交付行为亦真实有效，但因在签署该合同后未进行相关的登记，该房屋的所有权并未发生转移。

与此同时，何林、谭凯之间的房屋转让合同同样是有效的，谭凯已经向何林实际上交付了购房款，并且何林、谭凯也完成了房屋转让登记、房屋过户手续的办理，谭凯获得了房屋所有权。对于王小东诉称的何林、谭凯之间的恶意串通行为，由于王小东并不能提供相关证据，因此不能对其说法给予采信。对于王小东、何林签署的合同，王小东应依据房屋转让合同向何林主张违约责任。现在，王小东不肯搬离该房屋的行为，实际是对谭凯的房屋所有权的侵犯，王小东应将房屋内所有物品腾空，将房屋退还给谭凯。

法典在线

《中华人民共和国民法典》第二百零八条　不动产物权的设立、变更、转让和消灭，应当依照法律规定登记。动产物权的设立和转让，应当依照法律规定交付。

《中华人民共和国民法典》第二百零九条　不动产物权的设立、变更、转让和消灭，经依法登记，发生效力；未经登记，不发生效力，但是法律另有规定的除外。

依法属于国家所有的自然资源，所有权可以不登记。

2 支付了部分房款，卖主后悔了怎么办？

马老板名下有一处房产欲出售，经人介绍给了王小强，王小强仔细查看了马老板的房子，有意购买。最终，二人就价钱和付款方式等达成一致，签订了房屋买卖合同。合同约定：王小强先支付给马老板 1/3 的价款，余款待房屋转让登记和房屋过户手续都办理完毕后付清。合同签订后，王小强即按约定支付了 50 万房款。

一个星期后，马老板听说其房产附近要建商厦，房价有上涨趋势，所以后悔了。当王小强来支付余款时，马老板提出，返还已经支付的 50 万房款，以此解除房屋买卖合同。但王小强不同意，要求马老板继续履行合同，接受余款，然后办理转让登记和过户手续。那么，马老板有权单方面解除合同吗？王小强有没有权利要求马老板继续履行合同呢？

小强说法

本案例涉及的是不动产物权变动合同发生法律效力的规定。

不动产物权变动的主要基础关系是当事人之间订立有关设立、变更、转让和消灭不动产物权的合同，合同是物权变动的原因行为。虽然不动产物权的变动只能在登记时生效，但并不影响合同效力。本案例中，马老板与王小强已经达成买卖协议，在价款和付款方式等方面均达成一致，签订了房屋买卖合同。并且，王小强已经支付了合同约定的预付款。合同已经生效，即使双方并没有办理房屋转让登记和房屋过户手续，也不影响合同效力。

根据法律规定，想要解除合同，需要满足几个主要情形：一是因不可抗力致使不能实现合同目的；二是在履行期限届满前，当事人一方明确表示或者以自己的行为表明不履行主要债务；三是当事人一方迟延履行主要债务，经催告后在合理期限内仍未履行；四是当事人一方迟延履行债务或者有其他违约行为致使不能实现合同目的。本案例中，马老板解除合同的理由是房价上涨，想要获取更大利益，无法构成解除合同的正当理由。因此，马老板单方面解除合同是无效的。

根据法律规定，在没有法定情形之下，当事人一方不履行非金钱债务或者履行非金钱债务不符合约定的，对方可以请求履行。本案例中，马老板与王小强签订的合同依法有效，马老板也没有解除合同的正当事由，因此，王小强有权要求马老板继续履行合同，接受余款，然后办理转让登记和过户手续。

法典在线

《中华人民共和国民法典》第二百一十五条　当事人之间订立有关设立、变更、转让和消灭不动产物权的合同，除法律另有规定或者当事人另有约定外，自合同成立时生效；未办理物权登记的，不影响合同效力。

3 如何防止开发商“一房二卖”？

某房地产公司开发了新楼盘，紧邻地铁，附近还有大型商场，地理位置极佳。王小东听说了此楼盘后，有意向购买，于是通过销售人员与售楼处签订了一份楼房买卖合同。根据合同规定：王小东需先交一半的预付款，然后两个月内付清余款，之后即可以办理房屋过户手续。

王小东还需要一些时日来筹集余款，他为此很不安，因为他之前已经遭遇过没有及时办理过户手续，房主将房子卖给别人的事情。王小东很怕自己购买的这套房子也出现“一房二卖”的情况，于是询问王小强的意见，王小强建议他进行预告登记。那么，什么是预告登记呢？

小强说法

此案例涉及的是预告登记的法律法规。

预告登记，指出卖人与买受人转让期房或转让其他不动产时，为了保障买受人将来获得该不动产而进行的不动产登记。预告登记与其他不动产登记有所不同，其他不动产登记的对象都是现实的不动产物权，而预告登记的对象是将来发生不动产物权变动的请求权。

进行了预告登记后，出卖人就不能再私自处分该不动产。如果未经买受人（预告登记人）的同意，出卖人处分该不动产，则不发生物权转移的效力。也就是说，如果出卖人将该不动产又售与第三人，预告登记则具有对抗第三人的效力，即买受人拥有对该不动产的优先购买权。

预告登记可以有效预防期房买卖中“一房二卖”的事情发生，只要买受人作了预告登记，那么即使开发商将房屋卖与第三人，也不具有法律效力，买受人可以依法获得房屋的所有权。本案例中，王小东因为资金问题，无法及时办理过户手续，此时想要防止开发商将所购房屋卖给他人，可以与开发商约定向登记机构申请预告登记。预告登记后，开发商就不能在王小东不知情的状况下将房屋另售他人。

法典在线

《中华人民共和国民法典》第二百二十一条　当事人签订买卖房屋的协议或者签订其他不动产物权的协议，为保障将来实现物权，按照约定可以向登记机构申请预告登记。预告登记后，未经预告登记的权利人同意，处分该不动产的，不发生物权效力。

预告登记后，债权消灭或者自能够进行不动产登记之日起九十日内未申请登记的，预告登记失效。

4 好友假冒自己抵押房产成功，登记机构是否担责？

王小强与小邹十分要好，经常在一起喝酒聊天。某日，小邹趁王小强喝醉睡熟时，将其房产证偷了出来。小邹自己做生意，因为资金周转不开，所以想先用王小强的房产抵押借款。得到房产证后，小邹又找人伪造了王小强的身份证和一份王小强的授权委托书。随后，小邹如愿办理了抵押贷款，并向登记机构提交了相关材料，登记机构审查后为其办理了抵押登记。抵押贷款到期后，小邹未能清偿贷款，于是银行联系了王小强，提出要对其房屋进行拍卖，王小强由此才得知小邹用自己的房子办了抵押贷款。王小强认为，除了小邹要赔偿自己的损失外，登记机构没有审查出抵押贷款的材料系伪造，是登记机构的失责，也应该赔偿自己的部分损失。那么，登记机构是否负有赔偿责任呢？

小强说法

本案例涉及两个问题，一是小邹的赔偿责任，二是登记机构的赔偿责任。

1. 小邹的赔偿责任

本案例中，小邹趁好友王小强睡熟时，偷窃房产证的行为是违法的，王小强可以依法追诉其刑事责任。此外，根据《民法典》的规定，申请人提供虚假材料进行登记而造成他人损害的，应当承担赔偿责任。小邹利用虚假材料进行房产抵押贷款，使王小强受到损害，小邹应当承担赔偿责任。

2. 登记机构的赔偿责任

对于登记机构对物权登记错误的责任，因实行的审查制度不同而有所差异。现在主要有实质审查和形式审查两种审查制度。实质审查制度规定，登记机构对因物权的登记与现实的物权关系不符而受损害的人应承担损害赔偿责任，此时只要登记的物权与现实的物权状况不符，登记机构就要承担责任。形式审查制度规定，登记机构对因登记错误而遭受损害的人仅负过失责任，只有错误是登记机构的行为造成时才承担责任。综合来看，我国采取的是形式审查为主、实质审查为辅的制度。法律明确规定，如果申请人弄虚作假，而登记机构尽了审查义务的，申请人应该负赔偿责任。如果申请人弄虚作假，而登记机构没有尽到审查义务，那么登记机构也要承担一部分赔偿责任。登记机构赔偿后，可以向造成登记错误的内部工作人员进行追偿。

本案例中，登记机构在收到办理抵押登记的材料后，应该对其认真审查，包括核验抵押人的身份信息，特别是在只有授权委托书而本人无法到场的情形，登记机构更应该谨慎，要通过其他方法（如电话联系）联系本人，求证有关材料的真伪。但是，本案例中的登记机构没有联系王小强，更没有发现材料系伪造，为小邹办理了抵押登记。可见，登记机构并没有尽到审查义务，对于王小强的损失，登记机构负有赔偿责任。

法典在线

《中华人民共和国民法典》第二百二十二条　当事人提供虚假材料申请登记，造成他人损害的，应当承担赔偿责任。

因登记错误，造成他人损害的，登记机构应当承担赔偿责任。登记机构赔偿后，可以向造成登记错误的人追偿。

良心交付，依法求偿。

第二章

1 “一车二卖”，车辆归谁所有？

小邹想要购买一辆二手电动车，恰巧得知张芸有一辆电动车，骑了才1年左右，张芸准备买轿车，所以计划将电动车出售。小邹找到张芸，双方谈好了价格（小邹第一时间完成了支付），并约定在张芸提车后，再交付电动车和进行登记。

之后，另一位买主孙斌找到张芸，给出了更高的价格，张芸遂将电动车卖给了孙斌，在孙斌交付完价款后，电动车直接让孙斌骑走了。小邹听说后，要求孙斌交出电动车。但孙斌认为，自己货款两清，是电动车的合法买主，拒不交付。小邹无计可施，只能求助好友王小强。那么，这辆电动车究竟归谁所有？

小强说法

这个案例涉及的是特殊动产的登记对抗主义的

规定。

根据法律规定，船舶、航空器和机动车等动产属于比较特殊的一类动产，因价值较大，所以必须进行登记。但船舶、航空器、机动车等动产的登记，并不是此类动产物权变动的必要条件，即未经登记，也不影响物权变动的效力。如果物权已经发生变动，不得对抗善意第三人。

那么，何为善意第三人？

“善意”与“恶意”相对，从主观角度来看，二者都表现为一种不知情的心理状态。民法理论中，对于受让人是否出于善意，在确定时通常遵循的逻辑证法为“非恶意即善意”。所以，不知道也不应当知道物权发生变动的第三人即为善意第三人。

本案例中，张芸已经将电动车转交给了孙斌，孙斌已经实际占有电动车，即物权已经发生变动。孙斌在与张芸买卖电动车的过程中，张芸并未说明已将电动车卖与他人，所以孙斌在毫不知情的前提下购买电动车，其行为属于善意。综上而言，本案例中的电动车应该归孙斌所有。至于小邹的损失，应该找张芸索赔，要求其承担违约责任。

法典在线

《中华人民共和国民法典》第二百二十四条　动产物权的设立和转让，自交付时发生效力，但是法律另有规定的除外。

《中华人民共和国民法典》第二百二十五条　船舶、航空器和机动车等的物权的设立、变更、转让和消灭，未经登记，不得对抗善意第三人。

2 先行占有的商品出现问题，维修费由谁出？

张芸在商业区开了一间美容院，2020年4月，她向某大型美容院租赁了两台美容仪器，租期3个月。在租用过程中，顾客对这款美容仪器都非常喜欢。于是，在3个月快到期时，张芸与大型美容院签订了买卖合同，合同当日生效。合同约定：大型美容院将两台美容仪器以优惠的价格卖给张芸，张芸3天之内支付全部价款。但合同签订的第二天，一台美容仪器出现了故障，需要进行维修。张芸认为，她还未支付美容仪器的价款，美容仪器仍属大型美容院所有，所以大型美容院应该支付维修费。大型美容院认为，合同已经签订，美容仪器也已经归张芸所有，所以维修费应该由张芸负责。

请问，张芸和大型美容院，谁的主张符合法律规定，维修费应该由谁负责？

小强说法

此案例的核心问题是发生故障的美容仪器的所有权问题，即是归张芸所有，还是大型美容院所有。想要弄清楚这个问题，就需要知道什么是“简易交付”。

简易交付又称“无形交付”或“先行占有”，是指在转让动产物权之前，受让人已经依法实际上占有了该动产，从让与合同生效之时起，就直接发生物权变动的效力。根据《民法典》的规定，简易交付的物权自民事法律行为生效时发生效力。民事法律行为是指民事主体通过意思表达设立、变更、终止法律关系的行为，在此主要指转让合同。签订了转让合同后，从合同生效之时起，就产生物权变动的效力。

本案例中，张芸与大型美容院的买卖行为就属于简易交付，双方已经签订了买卖合同，并且约定当日生效，那么两台美容仪器的所有权就转移给了张芸，即使并未支付价款，也不影响物权的变动。所以，有故障的美容仪器归张芸所有，张芸应该承担维修费。

法典在线

《中华人民共和国民法典》第二百二十六条　动产物权设立和转让前，权利人已经占有该动产的，物权自民事法律行为生效时发生效力。

3 已经出租的农用车，可以再卖给其他人吗?

王大山的老邻居赵大叔有一台大型的农用拖拉机，买了不到两年，各项功能还很完善。因为承包地被征收，赵大叔和妻子决定外出打工，所以将拖拉机租给了本村村民老李，约定租期半年。老李一次性支付了承租费用。

1个月后，同村村民老许找到赵大叔，想要买下他的拖拉机。赵大叔心想，自己的承包地已经被征收，以后基本上不会再种地了，留着拖拉机也没用，所以决定卖给老许。但是，赵大叔已经将拖拉机租给老李了，他不知道这种情况下能不能卖出拖拉机，所以请王大山帮忙拿主意。

请问，赵大叔可以将已经出租的农用车卖出吗?

小强说法

此案例涉及的是指示交付的问题。指示交付又称

“返还请求权让与”，是指在交易标的物（指买卖的商品）被第三人占有的情况下，标的物无法现实交付时，出让人（即卖方）可以与受让人（即买方）约定，将对商品占有人的返还请求权转让给受让人，代替现实交付。

指示交付的构成条件有以下几点：

（1）出让人与受让人达成动产物权变动协议；

（2）物权交易前，交易标的物由第三人占有；

（3）出让人对交易标的物享有返还原物请求权；

（4）出让人能将对交易标的物的返还请求权转让给受让人。

本案例中，赵大叔在将农用拖拉机转让给老许之前，老李已经租用了该拖拉机，是拖拉机的合法占有人。此种情况下，赵大叔可以将向老李主张返还拖拉机的请求权转让给老许，以代替现实交付拖拉机。如果老许同意此种交付方式，那么赵大叔可以要求老李在租期届满时，直接把拖拉机交给老许，来达成此项买卖协议。

法典在线

《中华人民共和国民法典》第二百二十七条　动产物权设立和转让前，第三人占有该动产的，负有交付义务的人可以通过转让请求第三人返还原物的权利代替交付。

4 继承的房屋没有经过登记就转让，转让有效吗？

张芸驾车旅行，途经某山路时不幸掉入山崖身亡。张芸去世后，丈夫郑涛继承了张芸婚前购买的一套房屋，但未办理过户登记手续。之后，郑涛通过房产中介结识了严女士，二人签订了房屋买卖合同，严女士交了房款，郑涛将房屋交与严女士。

几天后，张芸的父母得知郑涛将房子卖掉了，提出异议，二老认为该房产有他们的继承份额，郑涛无权擅自将该房产卖给严女士，要求严女士返还房屋。那么，张芸的父母是否有张芸房产的继承权呢？他们是否有权要求严女士返还房屋？

小强说法

本案例涉及两个问题：一是张芸父母的继承权问题，二是因继承取得遗产物权的买卖问题。

1. 继承权

根据《民法典》的规定，被继承人的第一顺序继承人有配偶、子女、父母。本案例中，张芸去世后，她的第一顺序继承人就是丈夫邓涛和父母，所以她婚前购买的房屋理应由邓涛和其父母共同继承。本案例中张芸父母可以起诉邓涛，维护自己的继承权。

2. 遗产物权

遗产是自然人死后留下的个人合法财产，继承从被继承人死亡时开始，也就是说，被继承人死亡之时，其拥有的物权消灭，继承人取得遗产的物权。而且被继承人死亡、继承开始的时间，就是物权变动的时间，即使未办理过户登记手续，依然具有法律效力。本案例中，邓涛自继承开始时起取得房屋的所有权，即成为房子的合法主人。那么，既然是物主，有没有权利将房屋转让呢？

根据《房屋登记办法》的规定，继承或者受遗赠取得房屋所有权，权利人转让房屋所有权时，应当将房屋登记到权利人名下后，再办理房屋所有权转移登记。可见，通过继承取得房屋所有权的，如果想将房屋转让，则必须经过登记才发生物权效力。也就是说，如果没有将房屋过户到自己名下，进行的转让行为是不发生物权效力的。

本案例中，邓涛作为房屋的继承人之一，并不具有单独处分房屋的权利，所以严女士不能取得房屋的所有权，需要返还房屋。虽然严女士不能取得该房屋的所有权，但她与邓涛签订的房屋买卖合同符合法律规定，具有法律效力。严女士可以依据房屋买卖合同主张违约责任，要求邓涛赔偿损失。

法典在线

《中华人民共和国民法典》第二百三十条　因继承取得物权的，自继承开始时发生效力。

《中华人民共和国民法典》第二百三十二条　处分依照本节规定享有的不动产物权，依照法律规定需要办理登记的，未经登记，不发生物权效力。

新法亮点

《民法典》物权编删去了原来规定中关于“受遗赠开始时间”的内容，之所以作如此修改，是因为在现实生活中会涉及受遗赠人是否接受遗赠等其他问题。只有受遗赠人接受遗赠，遗赠才发生效力，物权也才因此发生变动。反之，物权则不发生变动。综合来看，遗赠并不发生物权变动。

5 快递员被撞，致使客人货物损坏，由谁赔？

严女士在某餐具店铺选中了一套昂贵的青花瓷餐具，因为餐具过重，严女士与店家约定，由严女士自行委托快递公司运送这套餐具。某快递公司受严女士的委托，委派快递员阿方运送餐具。阿方在运送途中，被一辆闯红灯的轿车撞倒在地，造成餐具碎裂。严女士得知后，联系店家，但店家表示，自己没有赔偿责任，应该由快递公司赔偿。严女士又联系了快递公司，快递公司主张，其快递员是被撞的，对方是责任方，所以轿车车主应该负赔偿责任。那么，在这起纠纷中，严女士的损失，究竟该找谁赔偿呢？

小强说法

此案例涉及的是侵害物权的损害赔偿请求权的法律问题。

损害赔偿请求权，是指物权人在行使物权请求权后，因他人而造成物权损害的，享有请求侵害人对损害进行赔偿及请求其承担民事责任的权利。

赔偿损失包括金钱赔偿、代物赔偿。本案例中，严女士的青花瓷餐具碎裂，严女士可以要求侵权人赔偿一套一模一样的青花瓷餐具，也可以要求侵权人用金钱或其他东西折抵青花瓷餐具的价格。

至于本案例的侵权人，涉及店铺、快递公司（快递员）和轿车车主三方，究竟严女士的损失由谁承担，应该具体分析。

1.店铺是否有赔偿责任

店铺将青花瓷餐具交付给严女士，双方已经完成了买卖协议，此时，青花瓷餐具的所有权就转移给了严女士，因此店铺对青花瓷餐具在运输途中的损害是不负有赔偿责任的。

2.快递公司（或快递员）是否有赔偿责任

严女士与快递公司已经达成了运输协议，快递公司（或快递员）有责任将青花瓷餐具完好无损地运送给严女士，因此，青花瓷餐具的损害，严女士可以要求快递公司（或快递员）承担违约责任，进行损害赔偿。而快递公司（或快递员）也可要求闯红灯的轿车车主对快递员的损害及由此造成的其他损失进行损害赔偿。

3.轿车车主是否有赔偿责任

轿车车主闯红灯将快递员阿方撞倒，致使严女士的青花瓷餐具碎裂，是直接的侵害人。因此，严女士完全可以请求轿车车主对其损害进行赔偿。

综上可知，严女士既可以找轿车车主索赔，也可以找快递公司索赔。

法典在线

《中华人民共和国民法典》第二百三十八条　侵害物权，造成权利人损害的，权利人可以依法请求损害赔偿，也可以依法请求承担其他民事责任。

“物”有“物”主，有偿征用。

第三章

1 出嫁的女子可以获得原籍的土地补偿费吗?

王小强的远房表妹娟子是四水村村民，两年前嫁给了邻村村民，但户籍一直未迁出，留在原村。嫁人后，娟子并没有分到新的口粮田，而原村的口粮田一直由其父母代为耕种。今年，四水村被列入了征地范畴，娟子家的房屋和承包地都在其中。村委会按国家标准给村民发放了土地补偿费、安置补助费及农村村民住宅和青苗等的补偿费用，但以娟子已嫁人、未在四水村居住为由，未给娟子相应的土地补偿费、安置补助费和青苗费。娟子是“法盲”，无法与村委会争辩，只能寻求表哥王小强的帮助。

请问，娟子是否有权要求获得原籍土地的各项补偿费?

小强说法

本案例涉及的是集体经济组织土地被征收的补偿

问题，其关键点是出嫁妇女是否具有补偿资格。

1. 征收补偿问题

征收，是国家为了公共利益的需要，依法取得所有权的一种方式，具有强制性，也具有补偿性。根据法律规定，对征收集体所有的土地，应当依法及时足额支付土地补偿费、安置补助费以及农村村民住宅、其他地上附着物和青苗等的补偿费用。本案例中，村委会给村民发放了各项补偿费，符合法律规定。

2. 出嫁妇女的补偿资格

根据农村土地承包法第30条规定，承包期内，妇女结婚，在新居住地未取得承包地的，发包方不得收回其原承包地；妇女离婚或者丧偶，仍在原居住地生活或者不在原居住地生活，但在新居住地未取得承包地的，发包方不得收回其原承包地。本案例中，娟子嫁到邻村后，并没有分到新的口粮田，其在原村的口粮田村委会也没有收回，依旧属于她所有，那么娟子就有权就这部分耕地领取土地补偿费和安置补助费。

同时，根据妇女权益保障法第32条和第33条的规定，妇女在农村土地承包经营、集体经济组织收益分配、土地征收或者征用补偿费使用以及宅基地使用等方面，享有与男子平等的权利。任何组织和个人不得以妇女未婚、结婚、离婚、丧偶等为由，侵害妇女在农村集体经济组织中的各项权益。另据《最高人民法院关于审理涉及农村土地承包纠纷案件适用法律问题的解释》的规定，征地补偿安置方案确定时，已经具有本集体经济组织成员资格的人，请求支付相应份额的，应予支持。本案例中，娟子结婚后，户口并未迁出，依旧属于本集体经济组织成员，所以有权要求获得补偿的相应份额。

法典在线

《中华人民共和国民法典》第二百四十三条　为了公共利益的需要，依照法律规定的权限和程序可以征收集体所有的土地和组织、个人的房屋以及其他不动产。

征收集体所有的土地，应当依法及时足额支付土地补偿费、安置补助费以及农村村民住宅、其他地上附着物和青苗等的补偿费用，并安排被征地农民的社会保障费用，保障被征地农民的生活，维护被征地农民的合法权益。

征收组织、个人的房屋以及其他不动产，应当依法给予征收补偿，维护被征收人的合法权益；征收个人住宅的，还应当保障被征收人的居住条件。

任何组织或者个人不得贪污、挪用、私分、截留、拖欠征收补偿费等费用。

新法亮点

在国家征收不动产的各类补偿费中，《民法典》增加了农村村民住宅补偿费。农村村民住宅原来是作为地上物的一种来补偿的，现在将其独立出来作为征收客体，是完善农村集体产权保护制度的需要，体现了国家对农村村民住宅财产权的重视。

2 防控新冠肺炎疫情期间，可以征用学生宿舍吗？

2019年12月，湖北武汉市暴发了“新型冠状病毒疫情”，随着感染人数越来越多，医院已人满为患。面对大量需要隔离的病人，市政府决定临时征用武汉市的多所高校宿舍作为隔离医疗点。接到通知后，学校立即组织人员对学生宿舍进行了清理和重新规制，先是将学生物品全部打包转移到其他宿舍，然后改造了床位，以利于患者休养。王小强的儿子乐乐还在上小学，他对征用学生宿舍的行为有些疑惑，希望父亲能为他讲一讲这方面的法律知识。那么，在防控疫情期间，市政府有权征用学生宿舍作为隔离医疗点吗？

小强说法

此案例涉及的是征用的法律规定。

征用，是指国家在紧急状态下为了公共利益的需要而依法强制取得原属于集体或个人的财产使用权的行为，紧急状态包括重大的自然灾害、疫情暴发等。

在征用时，如果已经消除了紧急情况，应当返还被征用的用益物权人的物或对用益物权人的损失进行赔偿，以保护被征用的所有权人的权利。

本案例中，新型冠状病毒疫情具有高传染性，暴发以来，各省市都进入了紧急备战状态。此种情况下，政府有权征用组织或个人的不动产或动产，如工厂、学校等。案例中武汉市政府征用学校宿舍作为隔离医疗点是符合法律规定的。作为学校师生，应该积极配合疫情防控工作。

法典在线

《中华人民共和国民法典》第二百四十五条　因抢险救灾、疫情防控等紧急需要，依照法律规定的权限和程序可以征用组织、个人的不动产或者动产。被征用的不动产或者动产使用后，应当返还被征用人。组织、个人的不动产或者动产被征用或者征用后毁损、灭失的，应当给予补偿。

新法亮点

从2019年末至今，对世界人民来说都是记忆深刻的，每个国家都在进行一场艰难地对抗“新型冠状病毒疫情”的战役。在这场战役中，我国人民同心协力，共克时艰，体现出一个民族的顽强与不屈。新的《民法典》新增了“疫情防控”一项，明确这种情况下可以依照法律规定的权限和程序征用组织、个人的不动产或者动产，体现了时代的需要，也体现出法律对抗击疫情的保障力度。

3 村民从耕地里挖出来的文物，属于自己吗？

2020年春，娟子的丈夫冯军在自家田地耕种，在翻土时，铁锹碰到了一个坚硬的东西。冯军深入挖掘，最终发现是一个陶罐。冯军将陶罐带回家里，准备卖掉。但娟子有些担心，她不清楚能否将陶罐据为已有。娟子找到表哥王小强，王小强指出：陶罐是古代的，具有一定的价值，属于文物，应该上交，不能私自占有。但冯军不理解，他认为，从自己家耕地里挖出来的，那就是属于自己的。

请问，冯军挖到的陶罐归谁所有？

小强说法

此案例涉及的是文物所有权的问题。那么，什么是文物呢？文物具体包括哪些呢？

文物，是指历代遗留下来的在文化发展史上有价值的东西。我国将文物分为不可移动文物和可移动文物两类。不可移动文物有古文化遗址、古墓葬、石窟寺、古建筑、石刻、壁画等。可移动文物有中国境内出土的文物和国家征集、购买的文物等。

文物并不是都属于国家所有，只有法律规定属于国家所有的文物才归国家所有。根据文物保护法第5条的规定，中华人民共和国境内地下、内水和领海中遗存的一切文物，属于国家所有。本案例中，村民冯军从自家耕地中挖出的陶罐，属于出土文物，按法律规定，归国家所有。所以冯军不能私自占有陶罐，更不能出售，要报告有关文物单位，如实上交国家。

法典在线

《中华人民共和国民法典》第二百五十三条　法律规定属于国家所有的文物，属于国家所有。

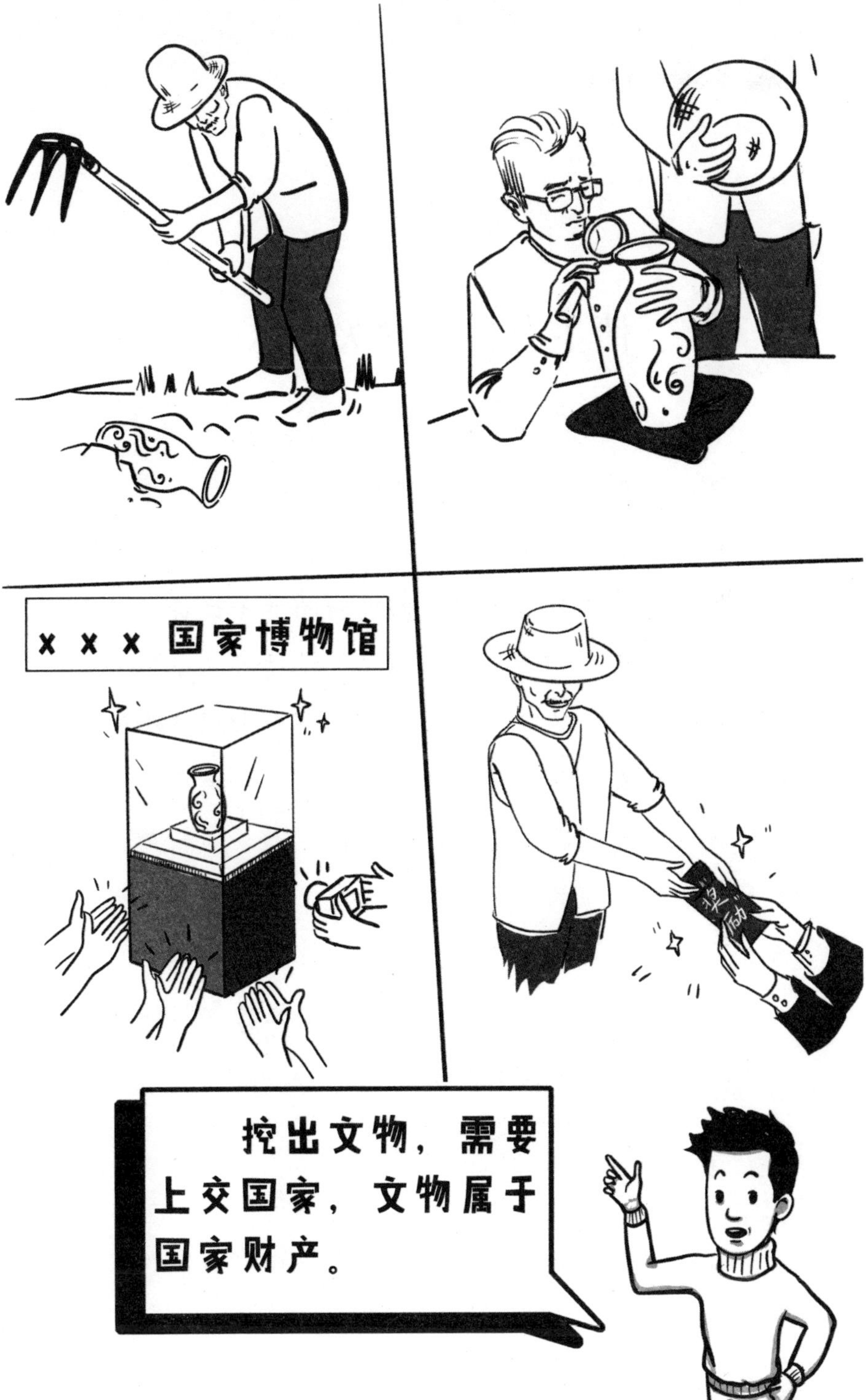

× × × 国家博物馆
挖出文物，需要上交国家，文物属于国家财产。

4 债主有权私拿欠款人的东西抵债吗？

王小强投资了一家小的互联网公司，两年以来，经营惨淡。几个月前，为了购进新的电子设备，王小强向潘总借了几万块钱。但还款期已过，王小强并未及时还清借款。某日，潘总带着几个人来到王小强的公司，不顾王小强和员工的阻拦，强行抢走了几台电脑和其他办公用品，说是以物抵债。潘总的行为，严重干扰了王小强的日常办公。于是，王小强报了警。王小强认为，虽然潘总是债主，但没有权利私拿属于自己的东西，他应该如数返还。王小强的主张法律支持吗？他有没有权利要求潘总返还拿走的东西？

小强说法

此案例涉及私人所有权和返还原物请求权两个法律问题。

私人所有权，是指私人对其所有的财产依法享有占有、使用、收益和处分的权利。这里私人包括自然人、法人、农村承包经营户，以及在我国合法取得财产的外国人和无国籍人，等等。

私人所有权与国家所有权、集体所有权相对。国家所有权，是指国家对国有财产享有占有、使用、收益和处分的权利。国家所有权的客体具有广泛性，包括矿藏、海域、国有土地和国有森林、草原、野生动植物，等等。集体所有权，是指劳动群众集体组织对集体所有财产享有占有、使用、收益和处分的权利，集体所有权的客体也比较广泛，包括属于集体所有的土地、森林、建筑物、生产设施、教育设施，等等。

我国依法保护私人所有权，包括私人合法的收入、房屋、生活用品、生产工具、原材料等不动产和动产，禁止任何组织或者个人侵占、哄抢、破坏。对侵占个人不动产或者动产的，权利人可以请求返还原物。本案例中，王小强公司的电脑及其他办公用品都属于王小强私人所有，依法受法律保护，潘总强行抢占的行为侵害了王小强的私人所有权，王小强有权要求潘总返还原物。

关于潘总与王小强的债务纠纷，潘总应该通过协商的方式予以讨要，以物抵债的前提是要获得王小强的认可。

法典在线

《中华人民共和国民法典》第二百三十五条　无权占有不动产或者动产的，权利人可以请求返还原物。

《中华人民共和国民法典》第二百六十六条　私人对其合法的收入、房屋、生活用品、生产工具、原材料等不动产和动产享有所有权。

《中华人民共和国民法典》第二百六十七条　私人的合法财产受法律保护，禁止任何组织或者个人侵占、哄抢、破坏。

5 购买了车主不明的车辆，买卖是否成立？

周某与郑某结婚后，周某购置了一辆价值20多万元的轿车，周某为登记车主。后来，周某与郑某感情出现裂痕，双方协议离婚，在离婚协议中写明：财产已分割完毕，无争议。但离婚后，郑某将轿车卖给了潘总，双方签署了一份购车协议书，约定：周某（甲方）向潘总（乙方）出售该车，总价款为12万元，代办人郑某在协议书中签字并代表周某签字。当天，潘总将全部车款支付给郑某，郑某将以下材料交付给潘总：机动车行驶证、车船使用税完税证明、购车发票、车辆购置税缴税收据。与此同时，郑某还将周某的身份证原件交付于潘总，并向潘总出示了其与周某的婚姻关系存续证明及周某的户口本。但当郑某拿着周某身份证到公安机关办理过户手续时，公安机关却将周某身份证扣押，该身份证经核验发现为伪造。后潘总找到周某提出办理车辆过户手续的要求，周某却拒绝，还将轿车开走。潘总不知如何是好，请王小强指点迷津。王小强建议潘总起诉周某、郑某，要求归还车辆。

请问，人民法院将如何判定车辆的所有权？

小强说法

本案例涉及的是善意取得的法律问题。

根据法律规定，无处分权人将不动产或者动产转让给受让人的，所有权人有权追回。但如果受让人是善意取得，那么，受让人取得该不动产或者动产的所有权。

所谓善意取得，是指无处分权人将其占有的财产转让给第三人后，如果第三人在取得该财产时是出于善意的，那么，第三人就可以获得该财产的所有权，原财产所有权人无权要求第三人返还财产的制度。善意取得制度属于所有权的一项基本制度，第三人出于善意为其适用条件。

本案例中，郑某出售给潘总的车辆，是周某与郑某尚属于婚姻关系存续期间购买的，二人在离婚时并没有明确处理该车的归属，所以该车应当为周某与郑某的共有财产，因此，郑某是无权将此车辆转让的，依照上述法律，周某有权追回车辆。

不过，郑某以代办人的身份与潘总签署了以周某为卖方的车辆买卖协议。郑某在签署协议的过程中向潘总交付了讼争车辆的相关手续，同时还将其与周某的婚姻关系证明及周某的身份证提供给潘总，以此来证实其与车主的关系，此外，郑某还将讼争车辆实际交付给潘总。在将上述车辆、相关手续及郑某提供的婚姻关系证明和身份证件接受之后，潘总作为受让人，有理由相信郑某有权代理出卖该车，所以，潘总取得讼争车辆应属于善意、有偿的行为，人民法院应对潘总与郑某之间的购车行为给予有效的认定，并要求周某将车辆返还给潘总。

法典在线

《中华人民共和国民法典》第三百一十一条　无处分权人将不动产或者动产转让给受让人的，所有权人有权追回；除法律另有规定外，符合下列情形的，受让人取得该不动产或者动产的所有权：

（一）受让人受让该不动产或者动产时是善意；

（二）以合理的价格转让；

（三）转让的不动产或者动产依照法律规定应当登记的已经登记，不需要登记的已经交付给受让人。

受让人依据前款规定取得不动产或者动产的所有权的，原所有权人有权向无处分权人请求损害赔偿。

当事人善意取得其他物权的，参照适用前两款规定。

业主有权，物业有责。

第四章

1 一楼业主私建夹层，其他业主是否有权反对？

岳呈呈居住的是一栋6层商住楼，底层为商业用房，2至6层为居住房。某实业公司装修底层房屋，准备增建夹层时，把钢筋砼框架柱之间的填充墙全部拆除，将地面下挖2米深，使部分地梁裸露。此行为引起岳呈呈等业主的不满，岳呈呈等业主认为，实业公司擅自在其底层拆改装潢，为架设夹层而深挖屋内地面导致基础地梁暴露在外，用膨胀螺栓把槽钢固定在楼房框架和四周墙体上，明显加大了楼房主体的负荷。将造成住宅墙体开裂、层面渗水、水管漏水，致使其居住安全受到严重影响。于是众业主将该实业公司诉至人民法院，诉求判令实业公司对受损的楼房主体结构和给排水系统采取补救加固措施并恢复房屋原状。那么，岳呈呈等业主的主张会得到人民法院的支持吗？

小强说法

本案例涉及建筑物区分所有权的法律规定，核心问题是业主专有部分和共有部分的范围以及业主如何行使专有权等问题。

建筑物区分所有权，是指多个区分所有权人（即业主）共同拥有一栋建筑物时，各区分所有权人对建筑物专有部分所享有的专有所有权，与对建筑物共有部分享有的共有所有权，以及各区分所有权人在建筑物的使用管理上达成的共同关系所具有的成员权的总称。

根据《民法典》规定，业主的建筑物区分所有权，包括了3个方面的基本内容：

（1）专有部分的所有权。即业主对建筑物内属于自己所有的住宅、经营性用房等专有部分享有所有权，具有占有、使用、出租、出借、出售以及抵押贷款等权利。

（2）共有部分的共有权。即每个业主在法律对所有权未作特殊规定的情形下，对走廊、楼梯、电梯、外墙面等共有部分，对公用设施、物业管理用房以及其他公共场所等共有部分享有共有权，具有共同占有、使用、收益、处分等权利；对建筑区划内，规划用于停放汽车的车位、车库有优先购买的权利。

（3）共同管理的权利。即有权对共用部分与公共设备设施的使用、收益、维护等事项通过参加和组织业主大会进行管理。

在本案例中，6层商住楼的每间房屋属于各区分所有权人专有部分，各区分所有权人享有独立的所有权，而房屋的其他部分（包括梁、柱、底层地板及以下的掩埋工程）则属共用部分。根据法律规定，业主对专有部分和共用部分的任何改动，都应以不危及建筑物的安全、不损害其他业主的合法权益为前提。

本案例中，虽然实业公司对其专有部分——底层的商业用房享有所有权，有权对其进行拆改，但实业公司在其专有部分增建夹层，利用了属于共用部分的梁、柱和地板以下的掩埋工程，加重了梁、柱的负载，使建筑物存在一系列安全隐患。因此，人民法院应支持岳呈呈等业主的主张，责令实业公司承担恢复原状的民事责任。

法典在线

《中华人民共和国民法典》第二百七十一条　业主对建筑物内的住宅、经营性用房等专有部分享有所有权，对专有部分以外的共有部分享有共有和共同管理的权利。

《中华人民共和国民法典》第二百七十二条　业主对其建筑物专有部分享有占有、使用、收益和处分的权利。业主行使权利不得危及建筑物的安全，不得损害其他业主的合法权益。

2 房子空置未住还要交物业费吗？

王大林在市中心买了一套房，合同和手续都办理妥当后，王大林顺利拿到了房屋钥匙。王大林因一直在其他城市工作，并未入住购买的房屋。其间，王大林接到过小区物业的信息，要求其缴纳物业管理费，但王大林并未理会。2年后，王大林正式入住，就物业管理费问题与物业管理人员发生争执，王大林认为，物业费包括使用电梯、小区清洁和保安等多项服务，但他家住一楼，根本不需要使用电梯，那么这部分费用应该免除。其次，他2年都没有入住，并没有享受各项服务，所以这2年的物业费也不应该缴纳。那么，王大林的想法正确吗？

小强说法

此案例涉及小区业主对共有部分的义务问题。

中华人民共和国
房屋所有权证
1234
1234
缴费单
缴费单
缴费单
××物业
××物业
喂！这房子买了
我都没住过！凭什么
要我交物业费！
缴费单
缴纳物业费是业主
的义务，如果延期您还
需要缴纳滞纳金。
物业服务中心
业主享有建筑物区分
所有权的同时，也必须履
行相应的义务，包括缴纳
物业费。

所谓共有部分，是指除专有部分以外的，供全体区分所有权人或部分区分所有权人共同使用的部分，如公用电梯、走廊、地基、墙壁、屋顶平台、庭院、地下停车场等。

其中，共有部分包括：

（1）法定共有部分与约定共有部分。法定共有部分又称当然共有部分，指构造上只能供区分所有人共同使用，各区分所有人不得以协议加以变更的部分，如地基、走廊、庭院等。一般所称的共有部分，指法定共有部分。约定共有部分又称规约共有部分，指专有部分依管理规约或区分所有权人的合意，变更、转换为共有部分，如车库、空闲场地等。

（2）全体共有部分与部分共有部分。供全体区分所有人使用的即为全体共有部分，供部分区分所有人使用者即为部分共有部分。一般所称的共有部分，指全体共有部分。

对于共有部分，各区分所有人享有占有、使用和收益的权利。如，乘用公用电梯、在小区凉亭乘凉等。但享有权利的同时，也必须履行相应的义务。义务的履行是以能否享受该项权利为前提，而不是以是否实际行使权利为前提，义务在能够享受这项权利而放弃享受的时候也依然要履行。

本案例中，王大林虽然2年都没有入住，之后也基本上不会实际使用电梯，但因为他有使用共有部分（包括电梯）的权利，所以不得以放弃权利为由回避义务。因此，王大林应该缴纳物业费，包括电梯使用费。

法典在线

《中华人民共和国民法典》第二百七十三条　业主对建筑物专有部分以外的共有部分，享有权利，承担义务；不得以放弃权利为由不履行义务。

3 小区有权将车位卖给非业主吗?

王小东准备结婚，于是王大山为他在某小区买了1套3居室的房子。购房时，王小东及王大山特意询问了关于小区的配套设施，特别是关于停车位的使用情况。当时，销售人员承诺说，该小区停车位充足，建有专门的地下停车库供业主使用，保证每位业主都有车位，于是王大山与售楼处签订了购房协议。

入住1年后，王小东购买了1辆轿车，但当他向小区物业询问停车位时，物业却说停车库内已经没有多余停车位了。王小东不解，因为购房时销售人员说每位业主都有车位。事后王小东才了解到，原来开发商已经高价将大部分车位卖给了非业主，导致很多本小区的业主只能将车停在小区外面。针对开发商的行为，王小东咨询弟弟王小强，王小强指出，地下车库应属业主共有，开发商将车位卖给非业主的行为不符

合法律规定。那么，王小强的说法成立吗？

此案例涉及的是车库及车位使用的法律问题。

车库、车位的所有权问题相对复杂，根据《民法典》的规定，车库、车位的权利归属，当事人可以通过出售、附赠或者出租等方式进行约定。一般来看，有以下几种情况：

1.属于业主

（1）通过出售和附赠取得车库、车位的，所有权归属于业主。

（2）占用业主共有的道路或者其他场地用于停放汽车的车位，属于业主共有。

2.属于开发商

车库、车位出租的，所有权归属于开发商，业主享有使用权。

本案例中，王小东和王大山在购房时，销售人员已经承诺，地下停车库的停车位供业主使用，因此，案例中的停车库应归全体业主共有，既然是业主共有，那么开发商就无权私自出售停车位，即使出租，其收益除管理费外，也应归属于全体业主。

此外，根据法律规定，车位应当首先满足业主的需要。案例中，物业就应当优先满足业主的需要，提供停车位。

法典在线

《中华人民共和国民法典》第二百七十五条　建筑区划内，规划用于停放汽车的车位、车库的归属，由当事人通过出售、附赠或者出租等方式约定。

占用业主共有的道路或者其他场地用于停放汽车的车位，属于业主共有。

《中华人民共和国民法典》第二百七十六条　建筑区划内，规划用于停放汽车的车位、车库应当首先满足业主的需要。

小区停车场规划时应当首先满足业主需求，占用小区公共位置的车位，所有权属于业主共有。

4 业主委员会可以擅自将小区的公共区域出租吗？

王小东居住的小区不仅公共区域大，而且绿植环绕，环境十分优美。小区里有一间休闲室，闲暇时，王小东经常和父亲来此与邻居下棋。但某日，业主委员会有人提议出租休闲室来获取收益，王小东和其他很多业主都不赞同这么做，但业主委员会的某些人却十分坚持，说王小东等业主的反对无效。那么，王小东和其他业主究竟有没有决定权呢？业主委员会可以自行决定将休闲室出租吗？

小强说法

此案例的核心问题是业主委员会的权利。

在小区管理中，业主大会和业主委员会是两个十分重要的机构。

业主大会是一个自治组织，由全体业主组成，以维护业主的合法权益为宗旨。业主大会的职责是管理全体业主的共有财产和共同事务，并作出决策。

业主委员会是业主大会的执行机构，其权利基础是业主对物业的所有权，业主委员会代表广大业主对与该物业有关的全部事项拥有决定权。

根据法律规定，业主可以设立业主大会，选举业主委员会。同一个物业管理区域内的业主，应当在物业所在地的区、县人民政府房地产行政主管部门的指导下成立业主大会。若业主只有一个或者人数较少（全体业主一致同意的情况下），可以不成立业主大会，但需要有业主共同承担业主大会和业主委员会的责任。

由此可知，业主委员会是由业主大会选举产生的，其权利是业主赋予的，在关乎小区生活的某些事情上，需要业主共同决定，包括改变共有部分的用途或者利用共有部分从事经营活动。本案例中，业主委员会的成员提议出租小区的共有部分——休闲室，王小东和其他业主是有反对权的，业主委员会不能私自决定将休闲室出租。当然，此项决议也不需要征得每一位业主同意，根据法律规定，改变共有部分的用途或者利用共有部分从事经营活动的，应当经参与表决专有部分面积 3/4 以上的业主且参与表决人数 3/4 以上的业主同意，只要在人数上达到了要求，就可以将休闲室出租。反之，如果人数达不到要求，就应尊重多数业主的意见，不出租。

法典在线

《中华人民共和国民法典》第二百七十八条　下列事项由业主共同决定：

（一）制定和修改业主大会议事规则；

（二）制定和修改管理规约；

（三）选举业主委员会或者更换业主委员会成员；

（四）选聘和解聘物业服务企业或者其他管理人；

（五）使用建筑物及其附属设施的维修资金；

（六）筹集建筑物及其附属设施的维修资金；

（七）改建、重建建筑物及其附属设施；

（八）改变共有部分的用途或者利用共有部分从事经营活动；

（九）有关共有和共同管理权利的其他重大事项。

业主共同决定事项，应当由专有部分面积占比三分之二以上的业主且人数占比三分之二以上的业主参与表决。决定前款第六项至第八项规定的事项，应当经参与表决专有部分面积四分之三以上的业主且参与表决人数四分之三以上的业主同意。决定前款其他事项，应当经参与表决专有部分面积过半数的业主且参与表决人数过半数的业主同意。

新法亮点

《民法典》修改了业主对共同决定的事项的范围和表决事宜。一是在筹集和使用建筑物及附属设施的维修资金上，将“筹集”和“使用”单独列出。二是增加了“改变共有部分的用途或者利用共有部分从事经营活动”这项表决范围，增强了业主对共有部分的管控能力，以防业主委员会独断专行。如果业主委员会不顾大多数业主反对，将属于共有部分的房屋出租时，那么业主有权依法行使自己的权利。三是改变了表决方式，满足专有部分面积人数和总人数要求。

5 楼房外墙的墙皮严重脱落，维修费由谁出？

王小东在新居住了五六年后，所在小区的多栋楼房外墙墙皮大面积脱落，针对此问题，业主联名反映到物业公司。物业公司指出，维修费是需要业主承担的，要求小区内的业主按照所拥有物业的建筑面积，交存住宅专项维修资金。王小东不理解，认为维护建筑安全是物业公司的责任，所以维修费应该由物业承担。但王小强持反对意见，认为建筑物及其附属设施的维修资金属于业主共有，业主应当缴纳此笔费用。那么，王小东和王小强的主张，哪个符合法律规定呢？

小强说法

此案例涉及的是建筑物业主共有部分的维修资金的法律问题。

建筑物及其附属设施的维修资金，是指专项用于住宅共有部分及设施设备的维修或更换的资金。对于此项资金，法律明确规定属于业主共有。根据《物业管理条例》第7条第4款规定，业主在物业管理活动中应履行按照有关规定缴纳专项维修资金的义务。

本案例中，物业公司让王小东等业主缴纳住宅专项维修资金，以修理严重脱落的住宅楼外墙，是合情合理的，王小东等业主应该缴纳住宅专项维修资金，这是作为业主应履行的义务。

在住宅专项维修资金的使用上，要秉持公开透明的原则，业主有缴纳维修资金的义务，也有相应的权利，即公共维修资金的去向和用途应该由业主共同决定，其他任何部门和单位都无权私自动用公共维修资金。公共维修资金的管理应依照“专户存储、专款专用、按幢设账、核算到户”的原则，切实做到有账可查，让业主安心。

法典在线

《中华人民共和国民法典》第二百八十一条　建筑物及其附属设施的维修资金，属于业主共有。经业

主共同决定，可以用于电梯、屋顶、外墙、无障碍设施等共有部分的维修、更新和改造。建筑物及其附属设施的维修资金的筹集、使用情况应当定期公布。

紧急情况下需要维修建筑物及其附属设施的，业主大会或者业主委员会可以依法申请使用建筑物及其附属设施的维修资金。

6 利用楼顶和电梯张贴广告的收入，归谁所有？

王小东居住的小区位于繁华的商业街，地理位置十分优越。近日，王小东发现临街507号楼的楼顶悬挂出一副广告牌。此外，在乘坐电梯时，王小东也发现，每部电梯的内部都挂有广告牌。王小东不由得产生了疑问：“楼顶和电梯内部的商业广告，其收益归谁所有？”王小强解答了王小东的疑惑，说应该归业主所有，而且业主有权知道这部分收益的使用情况。

于是，王小东找到小区的物业公司，要求其公开广告收益的使用情况。但物业公司拒绝了这一要求。面对物业公司的态度，王小东应该怎么办呢？

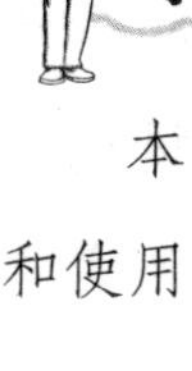

小强说法

本案例涉及的是建筑物共有部分产生收益的归属和使用的法律问题。

根据法律规定，业主对建筑物的共有部分享有权利，利用共有部分从事活动获得的利益应当归全体业主共同所有。楼房楼顶、楼房外墙、电梯等都属于全体业主共有部分，所以本案例中物业公司利用楼顶和电梯张贴广告所产生的收入，应归全体业主共有。

不过，对于共有部分收益的处置有几点要注意：

（1）要扣除物业服务公司的管理成本；

（2）给物业服务公司一定的报酬。

物业服务公司作为经营者，物业服务公司与业主之间是物业合同关系，物业服务公司为经营业主的共有部分尽了心力，有权获取一定的报酬，至于份额，应该协商决定。

综上而言，在扣除合理成本之后，利用楼顶和电梯张贴广告所产生的收入应归业主所有。此收益可以按照每一个业主专有部分的建筑面积比例进行分配，也可以将其纳入公共维修资金，用于小区共有设施的维护。

另根据《最高人民法院关于审理建筑物区分所有权纠纷案件具体应用法律若干问题的解释》的规定，业主有权对物业服务公司、业主委员会提出公开物业服务合同、共有部分的使用和收益的情况的要求，对于拒绝公开的物业服务公司、业主委员会，业主有权提起诉讼。因此，本案例中针对物业公司拒绝公开楼顶和电梯内商业广告收益的使用情况，王小强和王小东可以向业主委员会反映。如果物业公司依旧拒绝公开，王小东可以联合业主委员会向人民法院提起诉讼。

法典在线

《中华人民共和国民法典》第二百八十二条　建设单位、物业服务企业或者其他管理人等利用业主的共有部分产生的收入，在扣除合理成本之后，属于业主共有。

邻里**和谐**，共有**尊约**。

第五章

1 休闲会所太吵，影响居民休息怎么办？

王小强的姑奶奶王翠静在丈夫去世后一直是一个人生活，最近王奶奶很“闹心”，因为其卧室对面开了一间休闲会所。休闲会所营业时间为晚8点至早7点，自从营业以来，车辆络绎不绝，人声嘈杂，而且音乐震耳欲聋，让王奶奶根本无法安睡。此外，休闲会所的入口安装了很多霓虹灯，闪烁不停，散射到了王奶奶的窗户上，透过窗帘也能感受到一闪一闪的灯光。于是，王小强帮助王奶奶，将休闲会所起诉至人民法院，要求其停止侵害。

请问，人民法院会支持王奶奶的主张吗？

小强说法

此案例涉及的是相邻关系的侵权行为。

本案例中，休闲会所基于经营需要在室内播放音乐，在入口安装霓虹灯，该行为是合法的。但是，因为休闲会所与居民楼相邻，而且正对王奶奶的卧室，中间无任何物件遮挡，这种情况之下，休闲会所在播放音乐和安装霓虹灯时就需要考虑到相邻关系，即考虑其行为是否会影响王奶奶的休息。

在相邻关系的法律法规中，明确规定不动产权利人不得排放大气污染物、水污染物、土壤污染物、噪声、光辐射、电磁辐射等有害物质。休闲会所的歌舞声和闪烁的霓虹灯对王奶奶来说，已经构成严重的“噪声”和“光污染”，给王奶奶带来侵害，王奶奶有权要求休闲会所停止伤害，人民法院有理由支持其主张。

法典在线

《中华人民共和国民法典》第二百九十四条　不动产权利人不得违反国家规定弃置固体废物，排放大气污染物、水污染物、土壤污染物、噪声、光辐射、电磁辐射等有害物质。

2 封阳台排水口致邻居渗水的，责任谁担？

王小强在愿景小区已经生活很多年了，该小区的物业管理公司在很多事情上还算尽职尽责，但未在该楼楼顶平台落水管道进口处按规定要求设置防护网，长年累月，已经有小鸟在管道内筑巢，致使管道堵塞。

小高新婚，搬到了王小强的楼上。在新房装修时，小高没有征得物业管理公司同意就将其阳台处的排水口擅自封死。一天，恰逢大雨，因楼顶落水管道堵塞，雨水从落水管道接口处流进小高家的阳台，因该阳台排水口已封死，无法排出的积水沿墙角向王小强家渗入，导致其室内地板遭到严重损害。王小强先后找到小高和物业管理公司，要求赔偿，但小高与物业管理公司相互推诿，就责任争执不下。王小强认为，二者皆有责任，应该一同赔偿他的损失。那么，王小强的主张正确吗？

小强说法

此案例涉及两个责任方，一是物业管理公司，二是业主小高。

1. 物业管理公司

在《物业管理条例》中，规定了物业服务企业的权利和义务。

物业服务企业的权利有：

（1）物业服务企业可以根据有关法律法规、物业服务合同、物业管理区域内物业共用部位、共用设施设备的使用、公共秩序和环境卫生的维护等方面的规章制度，结合实际情况，制定物业管理方案；

（2）按照物业服务合同和物业服务方案实施管理；

（3）按照物业服务合同和有关规定收取物业服务费用；

（4）有权制止和向有关行政主管部门汇报违反治安、环保、物业装饰装修和使用等方面法律、法规与规章制度的行为；

（5）有权要求业主委员会协助履行物业服务合同；

（6）根据业主的委托提供物业服务合同约定以外的服务项目；

（7）可以接受供水、供电、供气、供热、通信和有线电视等单位的委托，代收相关费用；

（8）经业主大会的允许，可以实行多种经营。

物业服务企业的义务有：

（1）履行物业管理委托合同依法经营；

（2）接受业主委员会和业主的监督；

（3）重大管理措施应提交业主委员会审议批准；

（4）接受行政主管部门的监督指导；

（5）至少每6个月应向全体业主公布一次管理费用收支账目；

（6）提供优美的生活、工作环境，搞好社区文化；

（7）发现违法行为要及时向有关行政管理机关报告；

（8）物业管理委托合同终止时，必须向业主委员会移交全部房屋、物业管理档案、财务账簿等资料和本物业的公共财产，包括管理费、公共收入积累形成的资产，同时，业主委员会有权指定专业审计机构对物业管理财务状况进行审计。

物业服务企业应当按照物业服务合同的约定，提供相应的服务。物业管理企业未能履行物业服务合同的约定，导致业主人身、财产安全受到损害的，应当依法承担相应的法律责任。本案例中，雨水受堵后溢进小高和王小强的房屋内，造成王小强财产损失，是因为物业管理公司管理不善，未按规范要求定期检查、防护和疏通房屋楼顶平台落水管道导致的。对此，物业管理公司应承担主要责任。

2. 业主小高

小高和王小强是上下楼的邻居，根据相邻关系的法律法规，不动产权利人对自己的房屋进行某些改动时，是不能危及相邻不动产安全的。另据《物业管理条例》第52条规定："业主需要装饰装修房屋的，应当事先告知物业服务企业。物业服务企业应当将房屋装饰装修中的禁止行为和注意事项告知业主。"本案例中，小高封死自家阳台处的排水口的行为，已经危及其他相邻住户的安全，构成了侵权行为。此外，小高没有征得物业管理公司同意，就擅自封死其房屋阳台处的排水管道口，导致阳台的积水无法及时从排水管排出，进而使王小强的财产损害加重。综上可知，小高对王小强的财产损害也应承担一定的责任。

法典在线

《中华人民共和国民法典》第二百九十五条　不动产权利人挖掘土地、建造建筑物、铺设管线以及安装设备等，不得危及相邻不动产的安全。

3 楼梯室顶檐伸入邻居家阳台，必须拆除吗？

王小强的朋友阿海几年前在修水街买了一幢2层楼房，之后沈先生和侯先生买下了他旁边的2栋楼房。2020年，三方都有意加盖第三层，为了统一行动，方便施工，经过协商，三方同时开始第三层施工。

沈先生家第三层楼梯室竣工后，发现阿海楼梯室顶檐有一部分伸入其第三层后阳台的上空，于是要求阿海将其伸入部分拆除。对此，阿海觉得自己很“冤”，他对王小强诉苦说，楼梯室顶檐在购买二层楼房时就已经存在，并不是自己新加的。王小强认为，既然沈先生在购买相邻二层楼房时并未提出异议，就说明其对当时楼房相邻处的结构形式还是满意的，所以阿海没有理由拆除。但沈先生坚持认为阿海侵犯了他的权益，将阿海起诉至人民法院，要求判令阿海将楼梯室顶檐伸入其第三层后阳台上空的部分拆除。

请问，沈先生的诉求会得到人民法院的支持吗？

小强说法

本案例属相邻空间使用权侵权纠纷。根据法律法规，房屋所有权人对其房屋上空经批准有合法使用权，未经所有权人许可，他人不得擅自侵占。

本案例中，沈先生在其楼房第二层基础上续建第三层，不存在非法占地建房问题，其楼房所有权和相邻权应受法律保护。沈先生诉阿海家楼梯室顶檐伸入其后阳台上空，对自己楼房上空的合法使用造成妨碍，因此要求阿海将其拆除，理由正当，阿海应将第三层楼梯室顶檐伸入沈先生第三层楼顶上空部分拆除。

不过，本案例是否属于不动产相邻关系纠纷还存在争议。相邻的建筑物越界是本案例的核心争论点。总结来看，相邻关系中的越界建筑的构成要件为：

（1）有权建筑人逾越疆界建筑。有权建筑人一般指土地所有人，我国实行土地公有制，故国有土地使用权人、农村土地承包经营权人、宅基地使用权人等都属于有权建筑人。有权建筑人逾越疆界，是指有权建筑人建筑房屋超越了限定的疆界，侵害了邻地权利人的合法权益。

（2）邻地权利人知道或应当知道逾界建筑的事实而未及时提出异议。所谓“知道”，是指邻地权利人主观上切实知晓；所谓“应当知道”，是以客观事实为依据所作的法律推定。邻地权利人在知道逾界建筑时，应当以书面形式提出异议，如果只是提出口头异议，邻地权利人应负举证责任。如果邻地权利人在知道逾界建筑后，而并未在合理期限内提出合法异议，那么将直接导致事后无权请求移去或变更建筑物。

但是，综合本案例案情来看，并不适用于越界建筑规则。其一，在《民法典》的相邻关系中对此没有作出明确规定。其二，本案例中的沈先生在购房时已经发现了阿海楼梯室顶檐越界的事实，但并未及时提出异议，不符合越界建筑规则的构成要件。此外，我国传统所说的越界建筑通常指地表越界，而非空间越界，所以本案例是否属于相邻关系中的越界问题还存在争议，以相邻关系处理此案例并不完全妥当，可依侵权行为处理。

法典在线

《中华人民共和国民法典》第二百九十六条　不动产权利人因用水、排水、通行、铺设管线等利用相邻不动产的，应当尽量避免对相邻的不动产权利人造成损害。

4 出卖饭店股份，合伙人是否有优先购买权？

王小强与罗飞合开了一家饭店，其中，王小强出资15万，罗飞出资10万。二人约定，饭店收益按出资比例进行分配。但饭店经营不到半年，罗飞因个人债务问题欲出售饭店股份。经人介绍，罗飞与吕某谈妥价钱后签订了转让协议。王小强得知后，对罗飞说，饭店股份与其卖给别人，不如卖给他，表示并不会让罗飞吃亏，愿意以和吕某同等的价钱购买罗飞的饭店股份。但罗飞不清楚，自己已经与吕某签订了转让协议，是否能解除协议再卖给王小强。对于这一点，王小强解释说，作为共同出资的饭店，他是有优先购买权的，所以罗飞完全可以解除与吕某的协议。

请问，什么是优先购买权？对于两人合资开的饭店，王小强是否享有优先购买对方股份的权利呢？

此案例涉及的是按份共有的法律问题。

按份共有即是2个及2个以上的人共同出资购买动产或不动产，这些出资人按照其出资的比例对共有物享有所有权，法律上将这种所有权称为按份共有，按份共有人是出资人。

对于共有物，共有人享有转让权，可以转让自己持有的份额，但在转让对象上有一定的限制。为了简化共有关系，避免因他人介入而使共有关系变得复杂，所以法律规定，共有人在转让自己的份额时，其他共有人在同等条件下有优先购买的权利。这种优先购买权是基于共有关系而产生的，不需要法律确认或者当事人之间预告约定。

不过，这条规定有一个重要的构成条件，即“同等条件”，“同等条件”不仅指价格相同，还包括付款方式、付款时间等其他条件也要相同。如果共有人不愿意以“同等条件”购买共有人的份额，或者其他购买人的条件更优的情况下，那么共有人就不再享有优先购买权，该出资人有权将自己的份额卖给他人。

本案例中，罗飞有意出售自己拥有的饭店股份，虽然与吕某达成了协议，但共有人王小强表示愿意购买，而且是和吕某“同等条件”，那么，王小强就享有优先购买权，罗飞不能剥夺王小强的这项权利，所以有正当理由解除与吕某的合约。

法典在线

《中华人民共和国民法典》第三百零五条　按份共有人可以转让其享有的共有的不动产或者动产份额。其他共有人在同等条件下享有优先购买的权利。

《中华人民共和国民法典》第三百零六条　按份共有人转让其享有的共有的不动产或者动产份额的，应当将转让条件及时通知其他共有人。其他共有人应当在合理期限内行使优先购买权。

两个以上其他共有人主张行使优先购买权的，协商确定各自的购买比例；协商不成的，按照转让时各自的共有份额比例行使优先购买权。

5 共同出资的车辆发生肇事，由谁赔偿？

罗飞出售饭店股权后，先清偿了债务，然后用剩余资金与田峻合买了一辆大货车跑运输。为了避免疲劳驾驶，二人约定，根据日期，交换着开车。这样跑了半年，都相安无事。但后来某天，风雨交加，田峻开着大货车途经一个路口时，没有看到过斑马线的小张，导致小张被严重撞伤。小张的治疗费和误工费等加起来需要10多万，小张家属找田峻赔偿，可田峻只能拿出6万。于是小张家属找到大货车的另一个共有人罗飞，要求其赔偿剩余费用，罗飞觉得莫名其妙，让王小强帮忙分析，可王小强表示，罗飞应该赔偿一部分。罗飞很难理解，他认为，不是自己开车撞的人，自己就不需要赔偿。那么，罗飞究竟需不需要赔偿呢？

小强说法

此案例涉及的是对共有财产产生的债权债务的法律问题。

共同共有人的外部关系，是指共同共有的对物效力，是共有人与第三人之间的权利义务关系，是一种连带权利义务关系。无论是共同共有还是按份共有，根据法律规定，只要是因共有的不动产或者动产产生的债权债务，共有人都享有连带债权、承担连带债务，但是法律另有规定或者第三人知道共有人不具有连带债权债务关系的除外。也就是说，任何一个共有人均有权请求第三人清偿债权，反之，第三人也有权请求任何一个共有人清偿债务。

本案例中，田峻与罗飞因共有大货车而成为连带责任义务人，田峻驾车撞伤了小张，无力履行全部医疗费和误工费，此情况下，根据连带债务的法律法规，罗飞有履行的义务。

不过，对于按份共有人承担的连带债务，还有一项额外规定，即行使追偿权，向其他共有人追偿。这里的追偿权有一个前提，即偿还债务应该超过自己应当承担的份额。本案例中，罗飞在清偿完田峻无力承担的小张的医疗费和误工费后，可以就具体的数额进行清算，看是否已经超出自己应当承担的份额，如果已经超出，那么就可以向田峻追偿。

法典在线

《中华人民共和国民法典》第三百零七条　因共有的不动产或者动产产生的债权债务，在对外关系上，共有人享有连带债权、承担连带债务，但是法律另有规定或者第三人知道共有人不具有连带债权债务关系的除外；在共有人内部关系上，除共有人另有约定外，按份共有人按照份额享有债权、承担债务，共同共有人共同享有债权、承担债务。偿还债务超过自己应当承担份额的按份共有人，有权向其他共有人追偿。

第六章

路边**拾遗**，归还**有德**。

1 丢失的鹦鹉被人卖掉，可以向买主要回吗？

王小强妻子乔雨养了一只能说会道的鹦鹉，某日，乔雨喂食后忘记关上鸟笼，致使鹦鹉从窗户飞了出去。鹦鹉丢失后，王小强和乔雨多方寻找，但都不见鹦鹉踪影。一个星期后，两人在小区散步时，看到一位姓何的太太拿着一个精致的鸟笼，笼中的鹦鹉正是乔雨飞走的鹦鹉。于是乔雨上前讨要，但何太太表示，此鹦鹉是她花钱从邻居小李那里买来的，她根本不知道鹦鹉是小李捡来的，所以拒绝还给乔雨。面对二人的争执，王小强表示，应该将小李找来，协商解决，何太太是如何买到鹦鹉的，买卖行为是否合法，决定着他们是否要支付何太太的损失。那么，王小强的说法有法律依据吗？这个纠纷该如何解决？

小强说法

此案例涉及的是遗失物的相关法律问题。

本案例中何太太以她不知道卖给她的鹦鹉是卖主捡来的为由拒绝归还鹦鹉，其实是在主张善意取得。所谓善意取得，是指无权处分他人所有动产或不动产的人，在将动产或不动产不法转让给第三人以后，如果受让人在取得该财产时出于善意且无重大过失，支付了合理对价，且对转让的财产按照法律规定进行了交付或登记，就可依法取得对该财产的所有权，原所有人不得要求受让人返还财产，而只能请求无权处分人（占有人）赔偿损失。

那么，遗失物是否适用善意取得制度呢？

在我国司法实践中，善意取得并不适用于盗赃物、遗失物等情况。此外，在受让人取得某项财产是无偿行为的情况下，那么，不管是善意还是恶意取得财产，所有人都拥有要求受让人返还原物的权利。可以说，善意取得制度使得第三人无权处分他人财产时，该财产的归属问题得到了解决。

根据遗失物的相关法律规定，遗失物的权利人有权追回遗失物，不管遗失物是否已经被第三人善意占有，也不管占有人是否已经支付合理价款。因此，本案例中王小强和乔雨让何太太归还鹦鹉的主张是符合法律规定的，何太太不能以任何理由拒绝归还。但需要注意的是，如果何太太是通过拍卖或者向具有经营资格的经营者有偿获得的，王小强和乔雨应当支付何太太购买鹦鹉时所付的费用。

上述是对所有权人权利的法律规定，可以有效保护所有权人的合法权益。对于受让人的合法利益，法律也有相关规定。一是对于所有权人请求受让人归还遗失物这一请求规定了时间限制，即必须在知道或者通过推测而知道谁是受让人之日起两年内，请求受让人归还遗失物。二是对于受让人通过拍卖或者向具有经营资格的经营者购得该遗失物的，为了弥补受让人的损失，权利人请求返还原物时应当支付受让人所付的费用。权利人向受让人支付费用后，可以就自己的损失向无处分权人进行追偿，以维护自己的利益。

本案例中，何太太购买的鹦鹉并非在拍卖会或者宠物交易市场等场所购买，而是从捡到鹦鹉的小李手中所购买，因此按法律规定，乔雨无须支付何太太购买鹦鹉的价款。不过在此案例中，乔雨和王小强可以帮助何太太向卖主小李追偿，要求返还价款，以维护何太太的利益。

法典在线

《中华人民共和国民法典》第三百一十二条　所有权人或者其他权利人有权追回遗失物。该遗失物通过转让被他人占有的，权利人有权向无处分权人请求损害赔偿，或者自知道或者应当知道受让人之日起二年内向受让人请求返还原物；但是，受让人通过拍卖或者向具有经营资格的经营者购得该遗失物的，权利人请求返还原物时应当支付受让人所付的费用。权利人向受让人支付所付费用后，有权向无处分权人追偿。

2 丢失的笔记本被拾到者弄坏，是否该赔偿？

某天，乔雨下班经过小区凉亭，在椅子上捡到一个苹果笔记本。乔雨在凉亭里等了一会儿，但并未等到失主。于是，乔雨在凉亭的椅子上留下一张写有电话号码的便利贴，让失主联系自己。

乔雨将笔记本带回家中，但在将笔记本放在茶几上时，不小心将笔记本摔到了地上，致使笔记本一角破损。随后没多久，失主小艾赶到乔雨家中，检查了笔记本，发现外壳破损，于是要求乔雨赔偿。乔雨认为，自己主动联系小艾归还笔记本是好意，而将笔记本摔坏是无心之举，现在笔记本只破损一角并不影响使用，小艾要求赔偿是不通情理的。不过，王小强认为，既然妻子弄坏了小艾的笔记本，就应该给予一定的赔偿。那么，王小强的主张正确吗？乔雨应该赔偿小艾的笔记本吗？

!
失物招领
电话:188XXXX
捡到的物品在保管期间，非故意损坏不应承担赔偿责任。
赔!
失主
拾得人对于遗失物的损毁、灭失不存在故意或重大过失，不承担赔偿责任。

小强说法

此案例涉及的是拾得人妥善保管遗失物的法律法规。

根据《民法典》的规定，拾得人主要有两个主要义务：

1.通知义务

拾得遗失物后，拾得人需及时通知失主，返还遗失物。联系不到失主的，应当送交公安等有关部门。有关部门收到遗失物后，也要通过发布招领公告等途径及时通知失主。本案例中，乔雨捡到笔记本后，在原地等待失主，在没有等到失主的情况下，留下了联系方式，已经尽到了通知义务。

2.保管义务

不论遗失物是在拾得人手里还是在有关部门手里，二者都负有妥善保管遗失物的义务。如果未尽到妥善保管的义务，因故意或者重大过失致使遗失物毁损、灭失的，则应当承担损害赔偿等民事责任。换言之，如果拾得人对于遗失物的毁损、灭失只是一般过失，则不需要承担损害赔偿责任。

对于这项规定，是否属于故意或者重大过失很关键，因为判定不同，结果也不同。本案例中，乔雨是“不小心”将笔记本摔坏的，一定意义上来看，并不构成故意或重大过失，所以按照法律规定，可以不赔偿小艾。当然，王小强认为，乔雨作为拾得人没有尽到妥善保管义务，致使失主的笔记本损坏，给予小艾一定赔偿也是合情合理的。

3. 返还义务

依照法律规定，拾得遗失物后，应当履行返还的义务。遗失人有返还请求权，除法律规定的时间限制外，任何人不得以任何理由侵占遗失物。

同时，对于拾得遗失物的行为人，其身份亦可以被认定为善意占有人，依照法律规定，善意占有人因维护占有物所支出的必要费用，可以向权利人主张。对占有物造成了毁损、灭失的，善意占有人仅负有返还剩余利益的义务，对于造成的损失，善意占有人不负损害赔偿责任。

法典在线

《中华人民共和国民法典》第三百一十四条　拾

得遗失物，应当返还权利人。拾得人应当及时通知权利人领取，或者送交公安等有关部门。

《中华人民共和国民法典》第三百一十五条　有关部门收到遗失物，知道权利人的，应当及时通知其领取；不知道的，应当及时发布招领公告。

《中华人民共和国民法典》第三百一十六条　拾得人在遗失物送交有关部门前，有关部门在遗失物被领取前，应当妥善保管遗失物。因故意或者重大过失致使遗失物毁损、灭失的，应当承担民事责任。

3 对捡到遗失物的人，必须给报酬吗？

小艾与好友美美在某商场购物，在卫生间捡到一个女士皮包，包里有一些现金，还有多张银行卡和各种证件。根据失主的身份信息，小艾和美美通过商场广播很快找到了失主金女士。金女士感谢了小艾和美美，但当她想要拿包离开时，小艾却加以阻拦，要求金女士给予报酬。金女士对于小艾的态度很不满意，拒绝给予酬金。美美也劝小艾说，拾金不昧是美德，是不应该索要酬金的。但小艾坚持认为，自己索要酬金没有错。

请问，对捡到遗失物的人，必须给报酬吗？

小强说法

此案例的核心问题是：是否需要给遗失物的拾得人一定报酬。

众所周知，拾金不昧是中华民族的传统美德，从社会道义来说，拾得人是不应该索要报酬的。在《民法典》中，也没有关于拾得人的报酬请求权的法律规定。因此，本案例中小艾在拾得金女士的皮包后理应返还，且不应该索要酬金。

不过，虽然《民法典》中并没有报酬请求权的相关规定，但有关于保管遗失物的费用和悬赏寻找遗失物的规定。

1. 保管遗失物的费用

拾得人在捡到遗失物后，需要进行妥善保管，如果长久联系不到失主，那么保管时间也会相对较长，对于一些特殊物品，可能还需要特别保管。由此，就可能需要支出一些管理费用，例如交通费、误工费等。如果产生了必要的保管费用，那么失主（即权利人）就应该在领取遗失物时进行支付，而不能让拾得人承担。本案例中，小艾和美美拾到遗失物后很快找到了失主金女士，并没有产生必要的保管费，所以，是没有权利索要这笔费用的。

需要注意的是，如果拾得人已经联系到失主，失主要求返回遗失物，但拾得人故意不归还遗失物，那么则无权请求失主支付保管遗失物的费用。

2. 悬赏寻找遗失物

失主通过悬赏广告寻找遗失物的，拾得人返还遗失物时，可以要求失主兑现承诺，给予所列报酬。如果失主不兑现悬赏承诺，拾得人有权暂时留置遗失物，直到失主兑现承诺。同上，如果失主要求返回遗失物，但拾得人故意不归还遗失物，那么则无权请求失主履行悬赏承诺。本案例中，金女士并未发布悬赏广告，小艾也无权索要悬赏承诺。

综上而言，小艾的“索要”行为不符合法律规定，金女士不需要付其酬金。

法典在线

《中华人民共和国民法典》第三百一十七条　权利人领取遗失物时，应当向拾得人或者有关部门支付保管遗失物等支出的必要费用。

权利人悬赏寻找遗失物的，领取遗失物时应当按照承诺履行义务。

拾得人侵占遗失物的，无权请求保管遗失物等支出的费用，也无权请求权利人按照承诺履行义务。

4 被拍卖的遗失物，能要回吗？

美美的电动车停在某小巷时被盗了，小巷内并无监控，她听朋友说这种情况下很难找回，于是放弃了报警，又买了一辆新的。1年多后，美美在某商场看到了自己的电动车，但电动车的主人小平说车是自己在一个拍卖中拍得的，是合法的。

美美最后得知，她的电动车是警方破获盗窃团伙时起获的赃物，已经发布了招领公告，但因1年都无人认领，所以进行了拍卖。警方和小平都主张，美美没有权利要回此车。但美美疑惑，这辆车明明是自己的，有购车凭证，为什么不能要回。

请问，被拍卖的遗失物，究竟能否要回？

小强说法

此案例涉及的是逾期无人认领的遗失物其权利归

属的法律规定。

根据我国法律规定，遗失物的拾得人无论在什么情况下，都不能取得遗失物的所有权。遗失物的情况与买卖行为不同，买卖合同签订后，物权即发生转移，但拾得遗失物者，无论能否找到失主，都无权占有遗失物，应该交给有关部门。

有关部门在发布公告后，如果1年内无人认领遗失物，那么归国家所有。此情况包含两个主要构成条件：

（1）须及时发布招领公告，通知失主领取；

（2）须1年内无人认领。

本案例中，警方在破获盗窃团伙起获赃物后，已经发布了招领公告，尽到了及时通知失主的义务。美美没有看到公告，在规定的时间内（1年内）未领取，那么，其遗失物电动车依法归国家所有。拍卖电动车的行为也合法有效，小平通过拍卖取得电动车，买卖关系成立，物权发生合法转移，即小平拥有了此辆电动车的所有权。既然现在小平是电动车的合法所有人，那么，美美就无权进行索要。

需要注意的是，针对本案例中美美的损失，其核心点就在她对于遗失物的处理方式上。对于丢失的电动车，美美应该第一时间向公安机关报案，那么，公安部门在破获赃物后就能及时通知她认领遗失物。

法典在线

《中华人民共和国民法典》第三百一十八条　遗失物自发布招领公告之日起一年内无人认领的，归国家所有。

新法亮点

《民法典》改变了认领遗失物的期限规定，由原来的6个月改为1年，这样更有利于让遗失物物归原主，保护权利人的权利。

5 索要走失的羊时，所生的羊崽归谁所有？

美美爸爸老李在家里养了几只羊，每天会在固定时间赶着羊去村外的田野里放养。某天，放养回来后，老李发现有一只怀孕的母羊不见了。在村里找了好久，也不见母羊的踪影。过了几个月，老李去邻村赶集，发现邻村村民老魏正在出售羊崽，而跟在3只羊崽身边的，就是他的那只母羊。老李要求老魏将母羊和羊崽归还，老魏同意将母羊还给老李，但拒绝归还3只羊崽。老魏认为，他喂养怀孕的母羊几个月，母羊在他家生下了3只羊崽，所以羊崽理应归他所有。

请问，本案例中的羊崽应该归谁所有？

小强说法

此案例涉及的是孳息的所有权归属的法律规定。

孳息，是指从原物上派生出来的财产收益。根据产生的原因不同，可分为天然孳息和法定孳息两种。

天然孳息，是指依原物的自然属性而自然滋生和繁衍的物。天然孳息的原物被称作“母物”。例如，地里长出的农作物，树上结的果实，牲畜产的幼雏，羊身上剪下的羊毛，等等。原物产生孳息以后，原物并不会受损，孳息与原物是两个独立的物，而且通过加工制造的产品都不属于天然孳息。以上两点是确定是否属于天然孳息的要件。如鸡蛋就是鸡的天然孳息，但鸡蛋孵出的小鸡就不属于鸡蛋的天然孳息，因为鸡蛋在孵出小鸡后就不存在了。

法定孳息，是指通过一定的法律关系而取得的由原物派生出来的收益，例如，房屋出租的租金、存款产生的利息、投资产生的股息和红利等。法定孳息具有两个特性：一是需要他人用益的法律事实，即需要将财产交由他人使用，如果是自己使用，则不属于法定孳息；二是一般按连续时间收取，权利人可按时间计算孳息。

对于孳息的所有权归属问题，法律有如下规定：

1. 天然孳息

天然孳息应当由所有权人取得。本案例中，母羊的所有权人是老李，所以老魏应该将母羊的天然孳息——3只羊崽归还老李。至于老魏喂养母羊和羊崽的有关费用，老李应该予以支付。

此外，法律还规定，既有所有权人又有用益物权人的情况下，用益物权人享有优先权利，可以取得天然孳息，但当事人对天然孳息的权属另有约定的除外。

2. 法定孳息

法定孳息的权属与天然孳息有所不同，对于法定孳息，法律规定应该按照当事人的约定处理，没有约定或者约定不明确的，按照交易习惯取得。此项是为了照顾不同行业的不同的交易习惯，方便不同案例不同审定，以此保护私法自治的权益。

法典在线

《中华人民共和国民法典》第三百二十一条　天然孳息，由所有权人取得；既有所有权人又有用益物权人的，由用益物权人取得。当事人另有约定的，按照其约定。

法定孳息，当事人有约定的，按照约定取得；没有约定或者约定不明确的，按照交易习惯取得。

《中华人民共和国民法典》第四百六十条　不动产或者动产被占有人占有的，权利人可以请求返还原物及其孳息；但是，应当支付善意占有人因维护该不动产或者动产支出的必要费用。

第七章

占有使用“**他物**”，**遵法**而行。

1 土地开发增值补偿费，归谁所有？

王大林同赵强、孙兴在段家村合伙承包了50多亩荒山，合同约定：承包期为30年，如果在承包期内遇到国家建设或单位征地，承包方不具备阻止的权利，所有征地费都归发包方。发包方概不负责承包方的损失。

签署合同后，三个合伙人相继投资10多万元，将荒山开辟成了药材园。但采收在即，国家因修路需征收3人承包的荒山。依照国家规定，药材园的补偿标准要比荒山的补偿标准高很多。但村委会只补偿赵强、孙兴和王大林3人青苗费，而将土地开发增值补偿费据为己有。王大林认为此事存在争议，于是询问侄子王小强，王小强认为，3人有权获得一部分开发增值补偿费。3人遂将该村委会诉至人民法院，提出由村委会给付土地开发增值费的要求。

请问，对于此案，人民法院会如何判定？

小强说法

本案例主要涉及的问题是征收、征用对用益物权造成影响，用益物权人获得补偿的问题。

所谓用益物权，是指权利人对他人所有的动产或者不动产享有的占有、使用和收益的权利。其中，占有是前提，使用和收益是根本目的，因此被称为“用益”物权，其范畴包括土地承包经营权、建设用地使用权、宅基地使用权、居住权、地役权。

用益物权和所有权的最大区别在客体上，用益物权以他人所有的物为客体，属于他物权；而所有权以所有权人自己的物为客体，属于自物权。

用益物权是在所有权基础上派生出来的，但只拥有所有权四项权能中的三项——占有、使用、收益，而不具有物的所有权，因此用益物权人拥有的权利有一定的限制。不过，虽然用益物权受到限制，但其作为一项独立权利，依法受到保护。用益物权一旦设立，所有权人将不得干涉权利人行使用益物权。此外，当第三人对用益物权构成侵害时，权利人有独立对抗权。

根据《民法典》的规定，在用益物权受到征收、征用影响的情况下，用益物权人可依法提出补偿或返还原物的要求。本案例中，王大林、赵强、孙兴3人与村委会签署了承包合同，此后相继投资10多万元用于荒山的改造，种植草药，该荒山才因此变成经济收入更高的药材园，使土地价值提高。在国家征用该土地后，虽然合同中约定所有征地费都归村集体（发包方），但因王大林等人在承包开发荒山时付出了较大的投资，虽然在药材园被征用后已经获得了青苗费，但村委会给承包人适当补偿仍是合理的，可以从土地增值费中拿出一部分作为其补偿。

法典在线

《中华人民共和国民法典》第二百四十三条　为了公共利益的需要，依照法律规定的权限和程序可以征收集体所有的土地和组织、个人的房屋以及其他不动产。

征收集体所有的土地，应当依法及时足额支付土地补偿费、安置补助费以及农村村民住宅、其他地上附着物和青苗等的补偿费用，并安排被征地农民的社

会保障费用，保障被征地农民的生活，维护被征地农民的合法权益。

征收组织、个人的房屋以及其他不动产，应当依法给予征收补偿，维护被征收人的合法权益；征收个人住宅的，还应当保障被征收人的居住条件。

任何组织或者个人不得贪污、挪用、私分、截留、拖欠征收补偿费等费用。

《中华人民共和国民法典》第二百四十五条　因抢险救灾、疫情防控等紧急需要，依照法律规定的权限和程序可以征用组织、个人的不动产或者动产。被征用的不动产或者动产使用后，应当返还被征用人。组织、个人的不动产或者动产被征用或者征用后毁损、灭失的，应当给予补偿。

《中华人民共和国民法典》第三百二十七条　因不动产或者动产被征收、征用致使用益物权消灭或者影响用益物权行使的，用益物权人有权依据本法第二百四十三条、第二百四十五条的规定获得相应补偿。

2 在承包的土地上建设宾馆是否合法?

王大林承包的药材园被国家征收后，他决定经营宾馆。他的承包地正好位于马路边，这条马路上每天都有很多学车的人，有住宿的需求。于是，王大林联系施工队，签订了建房合同。半年后，宾馆建好，王大林准备营业，该县土地管理部门却突然造访，责令王大林立即停止宾馆经营，并缴纳罚金。王大林想不通，他在自家承包的耕地上建设宾馆，为什么不可以。王大林将自己的疑惑说给王小强听，王小强表示，王大林触犯了相关的法律法规，应该按照土地管理部门的要求停业。

请问，王大林究竟触犯了哪些法律法规?

小强说法

王大林触犯了土地承包经营权的相关法律规定。

农户通过家庭承包方式获得的土地权利即为土地承包经营权。根据法律规定，土地承包经营权可以采取互换、转让的方式进行流转。但土地承包经营权人（即承包方）需要履行以下义务：

1. 维持土地的农业用途

国家将土地承包给农村集体经济组织成员，其目的就是进行农业生产，如种植农作物、林木等。土地承包经营权人应该维持土地的农业用途，而不得私自将农用地转为建设用地，用于非农建设，如建造房屋、砖窑等。

2. 保护土地的质量

在利用承包地时，土地承包经营权人应当合理耕种、适度用地，注意保持承包地的生态环境，保护土地的质量，防止土地盐碱化等。

本案例中，王大林的承包地是典型的农业用地，只能用来种植农作物，但王大林擅自改变耕地的农业用途，在耕地上建设房屋，想要从事宾馆经营活动，其行为违反了土地承包经营权的法律规定，土地主管部门的处罚是合法的，王大林应该接受处罚，停止经营活动。

法典在线

《中华人民共和国民法典》第二百四十四条　国家对耕地实行特殊保护，严格限制农用地转为建设用地，控制建设用地总量。不得违反法律规定的权限和程序征收集体所有的土地。

《中华人民共和国民法典》第三百三十四条　土地承包经营权人依照法律规定，有权将土地承包经营权互换、转让。未经依法批准，不得将承包地用于非农建设。

3 农民的承包地可以出租给水果加工厂吗？

王大林的老乡张大叔有5亩承包地，辛辛苦苦种植了几年，但收成一年不如一年。在张大叔所在村，有几户早已经将家里的承包地租给同村村民，外出打工了。张大叔通过他们得知，打工的收入要比种地多，所以也和妻子商量，打算外出打工。但询问了村里的村民，很多也和他一样，想要外出打工，但都苦于耕地无人承包。现在，有一家大型水果加工厂来到村里，准备承包村民的土地种植水果。张大叔与王大林商量，想将承包地租给水果加工厂，但不知道合不合法。王大林就此事询问了侄子王小强，王小强给予了肯定答复。

请问，为什么承包地可以出租给水果加工厂？

小强说法

此案例涉及的是土地经营权流转的法律规定。

土地经营权是在土地承包经营权之上设立的，因为土地承包经营权的互换、转让都有一定的限制，缺乏流转性，因此土地经营权应运而生。

土地经营权属于土地承包经营权人，是土地承包经营权人的一项合法权利。土地承包经营权人可以通过一些方式实现经营权的流转，如出租给公司、入股农民合作社等，以将承包地的占有、使用、收益权转让给他人，使自己获益。但前提是，不能改变土地的农业用途。

本案例中，张大叔和妻子打算外出打工，为了防止土地闲置，造成资源浪费，是可以将土地经营权出租的。水果加工厂承包村民土地是为了种植水果，这符合耕地用途，所以张大叔可以将土地租给水果加工厂。

法典在线

《中华人民共和国民法典》第三百三十九条　土地承包经营权人可以自主决定依法采取出租、入股或者其他方式向他人流转土地经营权。

《中华人民共和国民法典》第三百四十条　土地经营权人有权在合同约定的期限内占有农村土地，自主开展农业生产经营并取得收益。

《中华人民共和国民法典》第三百四十一条　流转期限为五年以上的土地经营权，自流转合同生效时设立。当事人可以向登记机构申请土地经营权登记；未经登记，不得对抗善意第三人。

新法亮点

为了落实“三权分置”（所有权、承包权、经营权三权分置）政策，《民法典》特别增加了土地经营权的规定，并删除耕地使用权不得抵押的规定。

以往，农民的承包地只能将承包权转移给同村村民，现在，可以出租给村外人员，也可以抵押、入股进入市场，进行经营性活动，产生收益。总体来看，经营权的提出，放开了流转的范围、渠道和方式，可以有效解决农村闲置耕地问题，增加农民收入。

4 建设用地的转让，要依法登记吗？

王大林的儿子王小军与高云建签订了一份《土地转让协议》，合同约定：高云建将位于某工业小区的建筑用地转让给王小军，用于建造企业办公大楼，转让金须一次性付清；高云建协助王小军办理土地使用权分割手续，所需费用由王小军负担；转让的土地使用权面积，如有纠纷，由王小军负责并负担因纠纷引起的一切费用……

同日，王小军按协议付清土地转让金，高云建向王小军出具了收条。但之后高云建将土地使用证抵押给他人，致使法院将土地查封，因此没有办法协助王小军办理土地转让过户登记手续。于是，王小军向人民法院提起诉讼，请求人民法院确认二人签订的土地转让协议有效，高云建需提供资料为其办理土地转让登记。

请问，人民法院会支持王小军的诉讼请求吗？

本案例涉及的是建设用地使用权的相关法律法规。

建设用地使用权人通过转让、互换、出资、赠与或者抵押等方式实现建设用地使用权在市场中的流转，是建设用地使用权流转的具体体现。根据法律规定，建设用地使用权流转的条件是：

（1）要改变土地用途的，应当依法经有关行政主管部门批准；

（2）建设用地使用权转让、互换、出资、赠与或者抵押的，当事人应当采取书面形式订立相应合同；

（3）使用期限由当事人约定，但不得超过建设用地使用权的剩余期限；

（4）建设用地使用权进行流转应当向登记机构申请变更登记。我国不动产物权变动采取“登记要件主义”，所谓登记要件主义，是指以登记作为不动产物权变动的要件，即未经登记，当事人之间不发生物权变动的效果，更不具有对抗第三人的效力。

由上可知，不动产物权的变动必须经过登记，不登记不发生物权变动的效力。那么，未经登记，合同的效力是否会受影响呢？根据法律规定，当事人之间订立有关设立、变更、转让和消灭不动产物权的合同，除法律另有规定或者合同另有约定外，自合同成立时生效；未办理物权登记的，不影响合同效力。

综上所述，本案例中高云建所有的土地使用权是以国家出让方式取得的，对于建设用地使用权，高云建有权依法转让，王小军取得高云建的土地使用权建造企业办公场所，没有改变土地的工业用途，故二人订立的土地转让协议的内容合法、有效，不登记不影响合同的效力。现由于高云建在签署转让协议后，又对土地进行了处分，导致无法登记。王小军可以向人民法院起诉，主张协议解除，要求高云建返还转让金并承担违约责任。

法典在线

《中华人民共和国民法典》第三百五十三条　建设用地使用权人有权将建设用地使用权转让、互换、出资、赠与或者抵押，但是法律另有规定的除外。

《中华人民共和国民法典》第三百五十四条　建

设用地使用权转让、互换、出资、赠与或者抵押的，当事人应当采用书面形式订立相应的合同。使用期限由当事人约定，但是不得超过建设用地使用权的剩余期限。

《中华人民共和国民法典》第三百五十五条　建设用地使用权转让、互换、出资或者赠与的，应当向登记机构申请变更登记。

5 房子七十年产权到期后，还能继续住吗？

王小军的岳父陶爷爷现在居住的房子是他父母留下的，虽然饱经风霜，但依旧坚固。陶爷爷的儿子陶毅一家生活艰难，一家三口挤在一居室的房子里。眼看孙子小哲快成年了，所以陶爷爷想将自己住的房子过户给小哲。小哲听说了爷爷的打算，心里虽然高兴，但也有些担心，因为爷爷的房子马上就住满70年了，产权到期后，他不知道自己能不能继续住在里面。

请问，房子产权到期后，房子归谁所有？

小强说法

此案例涉及的是建设用地的使用期限问题。

根据建设用地取得方式及使用用途的不同，其使用权期限也有所差异。根据法律规定，一般以划拨的方式取得的建设用地使用权的使用期限无限制。而根据《城镇国有土地使用权出让和转让暂行条例》的规定，居住用地使用权最高期限为70年，工业用地使用权最高期限为50年，教育、科技、文化、卫生、体育用地使用权最高期限为50年，商业、旅游、娱乐用地使用权最高期限为40年，综合或者其他用地使用权最高期限为50年。

建设用地使用权到期之后，可以续期。但分为两种情况：

（1）住宅建设用地使用权期限届满的，自动续期，也就是说，购房者在房子产权到期后仍然拥有房屋的所有权和使用权。只是可能需要支付一定的续期费用，至于是否缴纳，缴纳多少，法律没有明确规定。

（2）非住宅建设用地使用权期限届满，不会自动续期，如果建设用地使用权人需要续期，需要在到期前一年申请续期。

本案例中，陶爷爷的房子属于住宅建设用地，根据住宅建设用地使用权期限届满的自动续期规定，陶爷爷还拥有房子的所有权和使用权，所以可以过户给小哲，让小哲继续居住。

法典在线

《中华人民共和国民法典》第三百五十九条　住宅建设用地使用权期限届满的，自动续期。续期费用的缴纳或者减免，依照法律、行政法规的规定办理。

非住宅建设用地使用权期限届满后的续期，依照法律规定办理。该土地上的房屋以及其他不动产的归属，有约定的，按照约定；没有约定或者约定不明确的，依照法律、行政法规的规定办理。

新法亮点

《民法典》细化了住宅建设用地使用权的自动续期规定，增加了“续期费用的缴纳或者减免，依照法律、行政法规的规定办理”一项，但是对于具体缴纳多少费用、续多长时间等问题，未作详细解释，《民法典》会授权单行法律予以规定。总体来看，新法完善了住宅建设用地使用权的自动续期规定，明确了住宅建设用地使用权是一项永久性用益物权，保障了房屋产权人的合法权益。

“居住”有温情，借“地”受约束。

第八章

1 房子卖了以后还能住在里面吗?

陶爷爷与孟奶奶是多年的邻里，孟奶奶的老伴和唯一的儿子几年前因事故去世了，她孤苦一人生活了好几年。孟奶奶身体并不是很好，已经没有了挣钱能力，每月仅靠养老金维持生活，但年老体弱，经常生病，医药费让孟奶奶十分为难。

陶爷爷的女儿陶雅了解到孟奶奶的情况后，说愿意购买孟奶奶的房子，而且可以让孟奶奶一直住在里面，直到终老，条件是，分期付款，且房屋售价要便宜一些。孟奶奶认为可行，但她不知道房子卖了还住在里面合不合法。另外，如果陶雅以后反悔，撵她出去，怎么办?

小强说法

此案例涉及的是居住权的法律规定。

居住权，是指自然人为了满足居住的需要，而按照合同的约定，对他人的住宅享有占有、使用的用益物权。

居住权具有以下性质：

（1）是一种独立的用益物权，属于他物权；

（2）居住权的客体主要为他人所有的住宅；

（3）居住权具有救助性，是对经济弱势群体所提供的一种住房保障；

（4）居住权具有期限性，最长期限为终身，权利人死亡，居住权即消失；

（5）居住权原则上为无偿设立，即居住权人无需向房主支付房租，二者不构成租赁关系；

（6）居住权具有不可继承和不可转让性。

案例中，孟奶奶可以将自己的房子卖给陶雅，与陶雅签订居住权合同，并向登记机构进行登记。这样，孟奶奶在获得养老金之外，也同时能获得居住权。此外，孟奶奶也不必担心会被陶雅撵出去，因为在居住权合同中，有居住权期限一项，只要孟奶奶和陶雅双方在合同中写明——孟奶奶的居住期限是直到去世，那么陶雅就不能将孟奶奶撵出去。如果有此行为，孟奶奶可以利用法律武器维护自己的权益。

法典在线

《中华人民共和国民法典》第三百六十六条　居住权人有权按照合同约定，对他人的住宅享有占有、使用的用益物权，以满足生活居住的需要。

《中华人民共和国民法典》第三百六十七条　设立居住权，当事人应当采用书面形式订立居住权合同。

居住权合同一般包括下列条款：

（一）当事人的姓名或者名称和住所；

（二）住宅的位置；

（三）居住的条件和要求；

（四）居住权期限；

（五）解决争议的方法。

《中华人民共和国民法典》第三百六十八条　居住权无偿设立，但是当事人另有约定的除外。设立居住权的，应当向登记机构申请居住权登记。居住权自登记时设立。

新法亮点

《民法典》最大的亮点就是新增了“居住权”一章，以前，只有买房和租房两种住房形式，居住权的出现，为住房提供了一种新形式。《民法典》对居住权所涉及的各类问题进行了明确规定，如居住条件、期限、转让、继承、出租等。居住权作为一种物权，虽然受到法律保护，但也对权利人有一些限制条款，即在保护居住权人利益的同时，也切实保障房屋所有权人的利益。总的来看，“居住权”的设立，是对没有生活保障的老人和经济弱势人群的一种特别保护，具有救助性，体现了时代的温情。

陶爷爷，
水给您送来了。
谢谢啦！
多亏你帮忙啦！
以后只要你照顾我，你们一家可以一直住我这里。
居住权协议
30年
这房子我要卖掉，你们得搬走！
陶爷爷跟我签了居住权协议，有效期内你无权让我走。
居住权协议
30年
“居住权”为住房提供了一种新形势。

2 已经办理了居住权的房子，还能出租吗？

陶爷爷的棋友李大爷是一位独居老人，独生子小博 20 多岁时被查出白血病，最终离开了人世。李大爷和老伴白发人送黑发人，一度伤心不已。几年前，李大爷的老伴也去世了，留下李大爷孤单一人。李大爷为了给小博看病，花光了积蓄，每月虽然有养老金，但根本不够李大爷生活和看病所需。后来，李大爷的侄子堂堂买下了李大爷居住的房子，两人签订了居住权协议，载明：李大爷可以居住到去世。

签订协议的第二年，李大爷的邻居张奶奶突然找到李大爷，说自己的外孙到这里工作，但没有住所，自己家里已经住了两代人，没有办法让外孙住，外面租房又太贵，而李大爷家里正好是二居室，只有李大爷自己居住，所以张奶奶建议李大爷将一间屋子租给她外甥，房租算便宜一些，她外甥还能够帮李大爷做一些力所能及的事。李大爷想租给张奶奶外甥，但他想到，房子现在的所有权是侄子的，不知道可不可以租出去。那么，设立居住权的住宅能不能出租呢？

小强说法

居住权是在他人的房屋所有权上设立的物权，是对相对弱势群体的一种住房保障，体现了人与人之间相互扶助的人文关怀。根据法律规定，居住权无偿设立，但是当事人另有约定的除外。设立居住权的，应当向登记机构申请居住权登记，居住权自登记时设立。居住权消灭时，应当及时办理注销登记。也就是说，无论是居住权的设立还是消灭，都需要进行登记。

居住权人在行使自己的居住权时是有限制的，根据法律规定，居住权不得转让、继承。设立居住权的住宅一般不得出租，除非和当事人达成一致。本案例中，李大爷想要将房子出租，必须与侄子堂堂商量。如果侄子堂堂不同意，那么李大爷无权将房子出租。

法典在线

《中华人民共和国民法典》第三百六十九条　居住权不得转让、继承。设立居住权的住宅不得出租，但是当事人另有约定的除外。

《中华人民共和国民法典》第三百七十条　居住权期限届满或者居住权人死亡的，居住权消灭。居住权消灭的，应当及时办理注销登记。

3 未做地役权登记，第三人可以拒绝地役权吗？

王大林的田地与村民老赵的田地相邻，在老赵的田地边上，有一条大河，附近的村民都依靠此河河水灌溉农田。去年，王大林挖了一条水渠，水渠将河水直接引到王大林的田地里，大大方便了灌溉。因水渠需经过老赵的土地，所以王大林特意与老赵签订了一份地役权合同，合同约定：允许王大林在其土地上挖水道，每年支付3000元费用，使用期限5年。

合同签订的第3年，老赵因为身体原因无力耕种土地，遂将田地转包给了本村村民小潘，但并未告知水渠一事。事后，小潘得知了王大林和老赵的协议，认为，他现在拥有田地的使用权和经营权，所以之前签订的合同无效。王大林有口难辩，让王小强“支招”，但王小强表示，此事情小潘“占理”。

请问，小潘为什么有权拒绝王大林继续行使未到

期的地役权？

此案例涉及的是地役权的问题。

所谓地役权，是指以他人的土地供自己土地便利的权利。地役权是一项独立的用益物权，属于他物权的范畴。一般来讲，地役权的发生必须有两个不同归属的土地存在：为他人利用而提供便利的土地叫供役地，接受便利而得以使用或经营的土地叫需役地。

根据《民法典》的规定，设立地役权，当事人应当采用书面形式订立地役权合同。一般在合同中，双方要就供役地和需役地的位置、利用目的和方法、地役权期限、费用及其支付方式等问题进行明确约定。签订合同代表了地役权的设立，但想要具有确实的法律保障，还需要进行登记；未经登记，不得对抗善意第三人。

本案例中，王大林与老赵签订了地役权合同，但并没有到相关部门进行地役权登记。因此，虽然二人的地役权成立，却不能对抗善意第三人。小潘承包老赵的田地时，老赵并没有告知他和王大林签订的地役权合同，所以小潘属于善意第三人，其不受地役权的约束，可以拒绝王大林继续行使地役权。

法典在线

《中华人民共和国民法典》第三百七十三条　设立地役权，当事人应当采用书面形式订立地役权合同。

地役权合同一般包括下列条款：

（一）当事人的姓名或者名称和住所；

（二）供役地和需役地的位置；

（三）利用目的和方法；

（四）地役权期限；

（五）费用及其支付方式；

（六）解决争议的方法。

《中华人民共和国民法典》第三百七十四条　地役权自地役权合同生效时设立。当事人要求登记的，可以向登记机构申请地役权登记；未经登记，不得对抗善意第三人。

4 建设用地使用权转让后，地役权也一同转让吗？

王大林的宅基地位于邓某的正后方，几年前，王大林建新房，投入了几十万，建了一栋气派的二层小楼。当时，邓某的宅基地上是三间平房。为了避免以后邓某建造楼房遮挡光线，王大林专门与邓某签订了一份地役权合同，合同约定：王大林一次性补偿给邓某5万元，邓某不得在宅基地上修建高于王大林二层楼房的建筑，合同终身有效。双方办理了地役权登记。

合同签订5年后，王大林全家迁到县里生活，宅基地的使用权转让给了村民孙某。孙某搬进小楼没两年，邓某就拆除了旧平房，开始修建三层小楼。孙某看到后，要求邓某改变计划，拆除第三层，但邓某不同意，他认为，自己的地役权合同是与王大林签订的，与孙某无关，孙某无权要求他履行和王大林的合约。那么，邓某该不该拆除第三层建筑呢？

此案例涉及的是地役权的“转让”的问题。

地役权是存在于他人土地之上的物权，从属性和不可分性是它的根本属性和特点。也就是说，地役权是不能与需役地分离而单独转让的，具体来看，主要表现在3个方面：

（1）地役权人不得单独转让地役权，而保留需役地的所有权和使用权；

（2）地役权人不得单独转让需役地的所有权和使用权，而保留地役权；

（3）需役地的所有权和使用权与地役权必须一同移转，地役权人不得将其分开，而转让给不同的人。

总结来看，即地役权只能随着土地承包经营权、建设用地使用权一起转让，而不能单独转让（合同另有约定的除外）。本案例中，王大林将宅基地的使用权转让给孙某，那么地役权也一并转让，所以孙某有权要求邓某拆除第三层建筑。

法典在线

《中华人民共和国民法典》第三百八十条　地役权不得单独转让。土地承包经营权、建设用地使用权等转让的，地役权一并转让，但是合同另有约定的除外。

抵押与**质押**，钱货需**相抵**。

第九章

1 抵押的汽车被撞了，还需提供其他担保吗？

王小强为了购置商铺，以自己的一辆宝马车作为抵押担保，向某银行贷款30万。双方签订了抵押贷款的合同，并就该车办理了抵押登记手续。事情办妥后，王小强开车返回家中，在经过一个十字路口时，与一辆违规行驶的客车发生碰撞，车严重损坏，王小强受伤，入院治疗。针对这起交通事故，交管部门判定客车司机负全责，赔偿王小强15万元。王小强出院后，银行联系到王小强，以抵押汽车损坏、价值减少为由，令其重新提供担保，以确保其到期还本付息。那么，王小强是否需要按照银行的要求重新提供担保呢？

小强说法

本案例涉及的是抵押物毁损后，抵押权人是否有权要求抵押人另外提供担保的问题。

根据《民法典》的规定，担保期间，如果担保财产出现毁损、灭失或者被征收等情形，根据担保物权的物上代位性规则，担保物权人可以就获得的保险金、赔偿金或者补偿金等代位物优先受偿。如果被担保债权的履行期限未届满，也可以提存该保险金、赔偿金或者补偿金等，待履行期限届满时优先受偿。

本案例中，针对王小强的车祸，交管部门已经判定客车司机负全责，那么，因车祸造成的车辆价值减少的责任就与王小强无关，因此，王小强无需向银行提供另外的担保。不过，银行可以就汽车价值减少部分的赔偿金行使担保权，需要注意的是，本案例中15万元的赔偿金不仅包括车辆的赔偿，还包括人身损害赔偿，所以只有属于车辆赔偿的部分可以作为担保。如果贷款已到期，银行可以就王小强获得的车辆损失赔偿费优先受偿，如果贷款未到期，银行可以要求提存该赔偿金。

法典在线

《中华人民共和国民法典》第三百九十条　担保

期间，担保财产毁损、灭失或者被征收等，担保物权人可以就获得的保险金、赔偿金或者补偿金等优先受偿。被担保债权的履行期限未届满的，也可以提存该保险金、赔偿金或者补偿金等。

2 农村的耕地和宅基地能用来抵押吗？

王大林因为做生意资金不足，遂通过熟人找到邻村的李四，向其借款10万元。李四担心王大林无力偿还，所以要求其提供抵押物。王大林只有几亩耕地和一处宅基地，于是和李四签订了抵押借款协议：王大林向李四借款10万元，限期1年内还清，若到期不能还清借款，王大林自愿将其所有的耕地和宅基地连同地面附属房屋抵押给李四所有。

到期后，李四多次向王大林索要借款，王大林却找各种理由拖延时间不予偿还。李四便将王大林告上法庭，要求根据双方协议，将王大林的耕地和宅基地连同地面附属房屋抵押给自己。那么，李四的诉求能得到人民法院的支持吗？

小强说法

本案例主要涉及了抵押的法律问题。

抵押，是指为担保债务的履行，债务人或者第三人不转移财产的占有，将该财产抵押给债权人，当债务人不履行债务或者当事人约定的情形发生时，债权人有权依法以该财产折价或者以拍卖、变卖该财产的价款优先受偿。

关于可以抵押的和不得抵押的财产，《民法典》作了明确的规定，建筑物和其他土地附着物、建设用地使用权、海域使用权、交通运输工具等都是可以抵押的财产，而学校、幼儿园、宅基地、自留地等是不得抵押的财产。

宅基地之所以不能抵押，是为了保护农民基本的生存权利。如果宅基地用作抵押，一旦抵押权人行使抵押权，就会导致农民居无定所，进而可能产生严重的社会问题。至于耕地，《民法典》删除了《物权法》中“耕地不能抵押”的规定，也就是说，耕地可以作为抵押标的物。

另外，本案例中抵押权并未设立，抵押权的设立根据动产、不动产有不同的规定，对于不动产物权为登记设立，王大林的耕地为不动产，故应当进行抵押登记，抵押权才正式设立。

其次，双方关于到期不能偿还借款的，宅基地和耕地归李四所有的约定属于流押条款，根据《民法典》第 401 条之规定，李四只能就该抵押财产优先受偿，而不能直接归其所有。

法典在线

《中华人民共和国民法典》第三百九十五条　债务人或者第三人有权处分的下列财产可以抵押：

（一）建筑物和其他土地附着物；

（二）建设用地使用权；

（三）海域使用权；

（四）生产设备、原材料、半成品、产品；

（五）正在建造的建筑物、船舶、航空器；

（六）交通运输工具；

（七）法律、行政法规未禁止抵押的其他财产。

抵押人可以将前款所列财产一并抵押。

《中华人民共和国民法典》第三百九十九条　下列财产不得抵押：

（一）土地所有权；

（二）宅基地、自留地、自留山等集体所有土地的使用权，但是法律规定可以抵押的除外；

（三）学校、幼儿园、医疗机构等为公益目的成立的非营利法人的教育设施、医疗卫生设施和其他公益设施；

（四）所有权、使用权不明或者有争议的财产；

（五）依法被查封、扣押、监管的财产；

（六）法律、行政法规规定不得抵押的其他财产。

《中华人民共和国民法典》第四百零一条　抵押权人在债务履行期限届满前，与抵押人约定债务人不履行到期债务时抵押财产归债权人所有的，只能依法就抵押财产优先受偿。

新法亮点

关于抵押范围的规定，《民法典》有两个大的变动。一是第395条增加了“海域使用权可抵押”的规定。二是第399条删去了“耕地不得抵押”的规定，以适应“三权分置”制度下土地经营权流转的规定。

3 抵押的房屋，原有租客还能居住吗？

王小强一家因为儿子乐乐上学问题，通过朋友介绍在学区租了一个三居室的出租房，租赁合同约定：租赁期限为3年，租金月付。谁知还没住满3年，一位姓张的女士突然上门，告知王小强一家说，此房子的房主因为投资失败，现将房子抵押给了她。现在房子归她所有，所以请王小强一家尽快搬走。王小强认为，他们的租赁合同还没到期，所以没有理由搬走。那么，抵押的房屋，原有租客究竟能否继续居住呢？

小强说法

本案例涉及的是承租权与抵押权同时并存的问题。

根据法律规定，租赁关系不受抵押权的影响需要具备以下条件：

（1）抵押合同订立前，抵押财产已经出租；

（2）租赁合同已经生效，承租人已经占有租赁物。

二者缺一不可，如果是抵押权设立以后订立的租赁关系，或者承租人并未实际占有租赁物，那么，租赁关系都受到抵押权的影响。

本案例中，王小强一家与原房主是3年前签订的房屋租赁合同，而房子是在这之后才抵押给张女士的，符合“抵押合同订立前，抵押财产已经出租且被占有”的规定，所以王小强一家与原房主的租赁关系不变，张女士无权要求王小强一家搬出房屋。

法典在线

《中华人民共和国民法典》第四百零五条　抵押权设立前，抵押财产已经出租并转移占有的，原租赁关系不受该抵押权的影响。

新法亮点

关于这条规定，《民法典》作了一些变动，一是将“订立抵押合同”变为“抵押权设立”，由此一来，承租人在承租之前就可以通过查询不动产登记等方式获知租赁物上是否已经设立抵押权，以免遭受损失，可以说，这项变动对保护承租人的利益意义重大。二是增加了“转移占有”的内容，以此为租赁权对抗抵押权提供了新条件。

4 抵押的车辆可以出售吗?

王小星想要在商业街开一家餐馆，但资金不足，于是用自己才买不到1年的轿车作抵押，向阿凯借了10万元。双方签订了抵押借款合同，约定还款期限为2年，并进行了抵押登记。王小星的餐馆开业1年多，因经营不善而负债累累，为了偿还各种欠款，王小星将轿车卖给了阿南，但并未告知阿凯。阿凯通过其他人听说了王小星出售轿车的事情，十分气愤，他认为，既然王小星将轿车作为抵押向他借了钱，那么就不能再出售了。但王小星在出售轿车前已经咨询过堂哥王小强，王小强表明可以出售。那么，抵押的车辆究竟可不可以出售呢?

小强说法

此案例涉及的是抵押期间能否转让抵押财产的法

律问题。

根据《民法典》的规定，抵押期间，抵押人可以转让抵押财产，即并不禁止抵押财产的流转，但有一些特别规定。具体规定如下：

（1）在转让抵押物时，应当及时通知抵押权人；

（2）当事人另有约定的，要按照其约定；

（3）所有权转让的，抵押权随着转让，受让人在取得抵押财产的同时，也承担抵押人的义务；

（4）抵押权人能够证明抵押财产转让可能损害抵押权的，可以请求抵押人将转让所得的价款向抵押权人提前清偿债务或者提存。转让的价款超过债权数额的部分归抵押人所有，不足部分由债务人清偿。

本案例中，王小星虽然可以将抵押的轿车卖给阿南，但对于这件事情她并没有主动告知阿凯，违背了“及时通知抵押权人”的规定。鉴于王小星欠款较多，阿凯担心自己的欠款得不到偿还的情况下，可以向王小星提出提前清偿债务或者提存的请求。

法典在线

《中华人民共和国民法典》第四百零六条　抵

押期间，抵押人可以转让抵押财产。当事人另有约定的，按照其约定。抵押财产转让的，抵押权不受影响。

抵押人转让抵押财产的，应当及时通知抵押权人。抵押权人能够证明抵押财产转让可能损害抵押权的，可以请求抵押人将转让所得的价款向抵押权人提前清偿债务或者提存。转让的价款超过债权数额的部分归抵押人所有，不足部分由债务人清偿。

新法亮点

《民法典》对此条改动较大，将抵押人转让抵押财产“需经抵押权人的同意”变更为“应当及时通知抵押权人”，这项变动使抵押财产的流通更加便捷。同时，为了保护抵押权人，特别规定“抵押权人能够证明抵押财产转让可能损害抵押权的，可以请求抵押人将转让所得的价款向抵押权人提前清偿债务或者提存”。

5 “不还钱，东西就归我”，是否合法？

阿南急需用钱，于是找到小石，言明想用自己价值15万元的汽车作抵押担保，向小石借款8万元，一年内还清。但小石没有同意，他想要阿南将汽车质押给他，这样他才能安心。如果阿南到期不还钱，他就可以直接占有阿南的汽车。阿南不明白：抵押和质押有什么区别？如果他到期无法偿还借款，那么小石就能将他的汽车据为己有吗？

小强说法

本案例涉及抵押与质押的相关问题。

1. 抵押与质押的区别

抵押与质押在标的物、设立、生效等方面都有所不同，其中最大的不同就是抵押不移转占有抵押物，而质押则正好相反。本案例中，如果阿南将汽车作为抵押担保向小石借钱，那么小石就不能占有这辆汽车，阿南则可以继续使用。反之，如果阿南将汽车作为质押担保向小石借钱，那么小石就能占有这辆汽车，而阿南则不能继续使用。

2.抵押与质押的“优先受偿”规定

在抵押与质押的相关规定中，都有“优先受偿”的规定。在债务人不履行到期债务或者发生当事人约定的实现抵押权或质权的情形，抵押权人或质权人可以与抵押人或出质人协议以抵押或质押的财产折价或者以拍卖、变卖该财产所得的价款优先受偿。

综上可知，无论是抵押还是质押，抵押人和质权人都无权将标的物据为已有。抵押人和质权人只能通过折价或者拍卖、变卖该抵押财产所得的价款优先受偿。本案例中，无论阿南将汽车作为抵押担保还是质押担保向小石借钱，到期未还款后，小石都不能将汽车据为已有，只能与阿南协商卖掉汽车，然后从卖车款中拿回自己的8万元，而剩余卖车款要还给阿南。

法典在线

《中华人民共和国民法典》第四百零一条　抵押

权人在债务履行期限届满前，与抵押人约定债务人不履行到期债务时抵押财产归债权人所有的，只能依法就抵押财产优先受偿。

《中华人民共和国民法典》第四百一十条　债务人不履行到期债务或者发生当事人约定的实现抵押权的情形，抵押权人可以与抵押人协议以抵押财产折价或者以拍卖、变卖该抵押财产所得的价款优先受偿。协议损害其他债权人利益的，其他债权人可以请求人民法院撤销该协议。

抵押权人与抵押人未就抵押权实现方式达成协议的，抵押权人可以请求人民法院拍卖、变卖抵押财产。

抵押财产折价或者变卖的，应当参照市场价格。

《中华人民共和国民法典》第四百二十五条　为担保债务的履行，债务人或者第三人将其动产出质给债权人占有的，债务人不履行到期债务或者发生当事人约定的实现质权的情形，债权人有权就该动产优先受偿。

前款规定的债务人或者第三人为出质人，债权人为质权人，交付的动产为质押财产。

《中华人民共和国民法典》第四百二十八条　质权人在债务履行期限届满前，与出质人约定债务人不履行到期债务时质押财产归债权人所有的，只能依法就质押财产优先受偿。

《中华人民共和国民法典》第四百三十六条　债务人履行债务或者出质人提前清偿所担保的债权的，质权人应当返还质押财产。

债务人不履行到期债务或者发生当事人约定的实现质权的情形，质权人可以与出质人协议以质押财产折价，也可以就拍卖、变卖质押财产所得的价款优先受偿。

质押财产折价或者变卖的，应当参照市场价格。

新法亮点

对于“优先受偿”的规定，《民法典》第401条、第428条都作了类似修改，相较于《物权法》“不得流押（约定债务不履行时抵押物直接归属于担保物权人）”“不得流质（约定债务不履行时质物直接归属于担保物权人）”的规定，《民法典》的规定既表明了不鼓励甚至禁止流押和流质的意义，也言明了法律后果。总体而言，“优先受偿”的规定最大限度地保护了债务人的合法利益，避免债务人的高价值担保物被债权人据为己有。

6 转质的面包车被损坏，由谁赔偿？

小石将自己的面包车质押给小徐，向其借款 15 万元，约定 2 年后清偿。质押合同签订后，小石的面包车就一直停放在小徐的车库内。后来，小徐的妻子得了重病，需要一大笔手术费。于是小徐找到小石，想要小石提前还款，但小石的钱都用来投资了，一时间无法取出。小徐没有办法，就私自将小石质押的汽车又质押给了阿金，从阿金手中借款 10 万元，约定 1 年后清偿。阿金开走了面包车，但因闯红灯发生了车祸，面包车毁坏严重。

请问，小石面包车的损失，该找谁赔偿？

小强说法

此案例涉及的是转质的法律问题。

所谓转质，就是指质权人在占有的质物上再次设定质权的行为，所成立的质权为转质权，第三人被称为转质权人。法律是允许转质的，无论是动产质权还是权利质权，都适用于转质的相关规定。

法律规定，质权人在质权存续期间，未经出质人同意转质，造成质押财产毁损、灭失的，应当承担赔偿责任。本案例中，小徐是在没有告知小石的情况下，私自将小石质押的汽车转质给阿金的，导致面包车损坏，因此，质权人小徐负有赔偿责任，应当向小石就面包车的损坏程度予以赔偿。

法典在线

《中华人民共和国民法典》第四百三十四条　质权人在质权存续期间，未经出质人同意转质，造成质押财产毁损、灭失的，应当承担赔偿责任。

小心“留置”，谨慎“占有”。

第十章

1 可以对来饭店吃“霸王餐”的顾客行使“留置权”吗?

某日，王小强在朋友董海的饭店里用餐，邻桌坐着一名青年，一个人点了三四个价格较高的菜，还要了一瓶名贵的白酒。青年吃了很久，还喝了不少酒，其间，服务员和董海都进行过劝阻，但无济于事。最后，董海担心青年喝得太多发生危险，于是以营业时间已到为由请青年结账离开，谁知青年拒绝结账，董海很无奈，只能阻挡着不让青年离开。青年大怒，说董海没有权利扣留他，但董海认为，青年吃饭不结账，就等于欠了他的钱，他是有权实施“留置权”的。王小强见二人争执不下，于是报了警。

请问，本案例中董海对吃“霸王餐”的青年，究竟有没有“留置权”呢?

小强说法

这个案例涉及的是自助行为，即当自身合法权益受到侵害时，情况紧迫且不能及时获得国家机关保护，不立即采取措施将使其合法权益受到难以弥补的损害的，受害人可以在保护自己合法权益的必要范围内采取扣留侵权人的财物等合理措施；而所谓留置权，是指债权人在债务人逾期不履行债务时，对于已经合法占有的债务人的动产，所享权利中有留置该动产并就该动产优先受偿的内容。也就是说，在债务人的债务不能履行时，债权人有权对占有的债务人的动产进行留置，并以该动产折价或者以拍卖、变卖该动产的价款优先受偿。此时，债权人被称为留置权人，动产则被称为留置财产。

留置权的行使有5个基本要素：

（1）行使留置权的对象只能是动产，而不能是不动产或者人身；

（2）债权必须已届清偿期；

（3）债权的发生与该动产必须存在牵连关系；

（4）债权人留置的动产，应当与债权属于同一法律关系，但是企业之间留置的除外，如在修理电视机却不给修理费的情况下有权对电视机行使留置权，因为修理费的债务是基于电视机而产生，属于同一法律关系；

（5）该动产已经被债权人合法占有，用非法方式占有的债务人动产则不能行使留置权。

案例中，吃“霸王餐”的青年未结清就餐费的情况下，董海只能留置合法占有的吃“霸王餐”青年的动产，而绝无对青年人身行使所谓“留置权”的权利。所以面对青年拒不结账的情况，王小强选择自助救济，采取报警的做法是正确的，由公安部门来对吃“霸王餐”的青年依法处置，弥补饭店的相应损失。

总而言之，董海对顾客的人身是无权进行“留置”的。

法典在线

《中华人民共和国民法典》第四百四十七条　债务人不履行到期债务，债权人可以留置已经合法占有的债务人的动产，并有权就该动产优先受偿。

前款规定的债权人为留置权人，占有的动产为留置财产。

《中华人民共和国民法典》第四百四十八条　债权人留置的动产，应当与债权属于同一法律关系，但是企业之间留置的除外。

《中华人民共和国民法典》第一千一百七十七条　合法权益受到侵害，情况紧迫且不能及时获得国家机关保护，不立即采取措施将使其合法权益受到难以弥补的损害的，受害人可以在保护自己合法权益的必要范围内采取扣留侵权人的财物等合理措施；但是，应当立即请求有关国家机关处理。

受害人采取的措施不当造成他人损害的，应当承担侵权责任。

2 欠款1000元，可以留置欠款人价值3000元的物品吗？

王小强在商业街租了一个店铺，打算经营生鲜水果。昌运运输公司负责运送王小强从果园购买的100箱水果（每箱水果市价30元）。水果到货后，王小强因为支付店铺租金、店铺装修及购买水果等费用，已经没有余钱。所以与运输公司商量先不支付运输费，给王小强一些筹款时间。但运输公司表示，“一手交钱，一手交货”，于是将100箱水果扣留。王小强认为，运输费共1000元，而运输公司扣留的水果价值3000元，是不合法的，要求运输公司先交付几箱水果，但遭到运输公司的拒绝。

请问，运输公司有权扣留王小强的100箱水果吗？

小强说法

此案例涉及的是可分留置物的法律规定。

留置的财产分可分物和不可分物两种，区分二者主要看物被分割之后，是否影响其经济用途或经济价值，如粮食、水果、蔬菜、布匹等就是可分物，汽车、古董、钢琴、笔记本电脑等就是不可分物。

根据法律规定，如果留置财产为可分物的，留置财产的价值应当相当于债务的金额。也就是说，留置权人在留置财产可以分别独立的情况下只能留置大体相当于债务金额的财产，不得留置超过的部分。对于超出部分，可以对可分物进行分割。本案例中，运输公司为追讨1000元运费而留置王小强的100箱水果，其行为是不合法的，只能留置价值与运费大致相当的约40箱水果，超过部分应当归还王小强。

法典在线

《中华人民共和国民法典》第四百五十条　留置财产为可分物的，留置财产的价值应当相当于债务的金额。

3 运输公司留置运输水果，对水果有保鲜义务吗？

王小强向昌运运输公司要回了60箱水果，另外40箱被运输公司留置。3天后，王小强将1000元运费交付运输公司，欲取走剩下的40箱水果。但开箱验货时发现大部分水果已经腐烂，根本无法再进行销售。原来，运输公司根本没有将水果放置在冷藏库内，因此造成了水果的腐烂。王小强因此要求运输公司赔偿损失，而运输公司认为，是王小强先拖欠运输费，所以才导致水果被留置而腐烂，运输公司没有赔偿责任。王小强诉至人民法院，要求运输公司赔偿其损失。

请问，王小强的主张会得到人民法院的支持吗？

小强说法

此案例涉及的是留置权人保管义务的法律规定。

根据法律规定，留置权人对留置财产负有妥善保管的义务。所谓妥善保管，是指留置权人对留置财产的保管应负善良管理人的注意义务，如对容易腐烂的果蔬进行冷藏等必要的保管措施，以避免其价值毁损或灭失。如果留置权人没有履行一个善良管理人应尽之职责，因保管不善而致使留置财产毁损、灭失，那就要承担维护债务人的合法权益的义务对债务人进行赔偿。

本案例中，昌运运输公司负有对留置的40箱水果进行保鲜的义务，而昌运运输公司对此没有采取必要的保管措施（冷藏），导致被留置的水果腐烂，无法出售，则昌运运输公司不论债务人王小强最终是否交纳运费，都要对其负损害赔偿责任。

法典在线

《中华人民共和国民法典》第四百五十一条　留置权人负有妥善保管留置财产的义务；因保管不善致使留置财产毁损、灭失的，应当承担赔偿责任。

4 房客将出租屋地板严重损坏，房主可以扣除押金吗？

董海将自己的房子租给了健身教练小达，租赁期结束，小达表示不再续租。于是，董海去验收房子，发现新铺的木地板都有不同程度的划痕，明显是小达使用健身器材所致，且已超过合理限度。除此之外，董海还发现墙壁上也有钻孔，严重影响了房屋的美观。董海估量了损失，想要扣除小达租房时所交的押金，但又顾虑这样做是否构成违法，王小强表示，他有权让小达承担赔偿责任。

请问，此案例涉及哪些法律法规？

小强说法

本案例涉及的是占有的相关法律规定。

占有，是指占有人对物具有事实上的管理和控制的状态。导致占有发生的法律关系主要有以下两种：

（1）基于合同等关系而产生的占有为有权占有。例如，承运人或者保管人根据运输或者保管合同，对托运或者寄存货物发生的占有。

（2）无权占有，主要发生在占有人对不动产或者动产的占有无正当法律关系，或者原法律关系被撤销或者无效时占有人对占有物的占有，包括误将他人之物认为己有或者借用他人之物到期不还等。

以上两种占有发生的原因虽然各不相同，但法律后果的处理不外乎两类情形：其一，是在占有过程中，被占有的不动产或者动产的使用、收益以及损害赔偿责任该如何确定；其二，是当被占有的不动产或者动产遭到第三方侵夺或者妨害时，占有人能够行使哪些权利保护自己对不动产或者动产的占有。

在房屋租赁中，房屋由承租人占有，占有人应该对占有而产生的损害负有赔偿责任。本案例中，健身教练小达因为租赁关系占有董海的房屋，应该自觉爱护房屋设施，但小达没有多加注意，造成墙面和地板受损。因为这些损害都属于人为破坏所致，而非房屋的自然损耗，所以，房屋所有权人董海有权让承租人小达承担赔偿责任。

法典在线

《中华人民共和国民法典》第四百五十九条　占有人因使用占有的不动产或者动产，致使该不动产或者动产受到损害的，恶意占有人应当承担赔偿责任。

5 非车主是否有权要求占有人返还车辆？

王小强的大姨父卫民华是万贸有限公司的董事，在胜天有限公司司机送卫民华回家时，卫民华将该轿车强行“借”走，理由是万贸有限公司已经向该车车主高修支付了该车转让款。但该车实际上是银行向万贸有限公司主张债权时，通过人民法院查封的财产，之后，银行将该车借予胜天有限公司使用。王小强听说卫民华强“借”轿车，认为不合法，于是劝其归还，但卫民华坚持认为，万贸有限公司对该车有合法使用权。胜天有限公司于是提起诉讼，要求卫民华返还轿车。

请问，胜天有限公司是否有权要求卫民华返还轿车？

小强说法

本案例涉及的是占有保护请求权的法律规定。

占有保护请求权是占有制度的核心问题，对占有保护首要的是维持和恢复对物的控制支配。占有保护请求权具体可以分为返还原物、排除妨害、消除危险三种基本权利。

1.返还原物请求权

占有人在其占有物被侵占时，有权请求侵占人返还其占有物，称为返还原物请求权。请求返还的内容，是在有物理上或者法律上存在返还的可能时，恢复原有占有状态。如果占有物被毁损或灭失，无法恢复原状，那么应按照侵权责任的规定对其进行赔偿。

2.排除妨害请求权

占有人在占有被妨害时请求去除其妨害的行为，称为排除妨害请求权，又称占有妨害去除请求权。所谓占有被妨害，是指以侵夺以外的方法妨碍占有人占有其物。占有被妨害与侵占不同，这里占有人并未丧失占有，即还拥有属于自己的物，只是妨害人对占有人现实的占有状态构成妨害。例如，占有人的房屋门前被邻居每天倒脏水，严重影响其通行，占有人有权行使排除妨害请求权。

3. 消除危险请求权

占有人的占有存在被妨害危险时，占有人请求消除危险的行为，称为消除危险请求权。所谓占有存在被妨害危险，是指占有人的占有虽现在未被妨害，但将来有被妨害的危险。此危险一般根据具体事实加以客观判断，并不完全取决于占有人的主观意思。例如，邻居的大树已经枯朽，随时有断裂的危险，其断裂存在损毁占有人围墙的危险，占有人有权行使消除危险请求权。

本案例胜天有限公司的请求权属于占有物返还请求权。案件中争议的车辆是银行通过协商借予胜天有限公司使用的，胜天有限公司虽非其车辆的所有权人，却是实际控制和支配该占有物的占有人。卫民华强行“借”用胜天有限公司所占有的车辆而拒绝返还，对胜天有限公司造成了实际侵权的事实，在此前提下，胜天有限公司有行使请求返还占有物的权利。

法典在线

《中华人民共和国民法典》第四百六十二条　占有的不动产或者动产被侵占的，占有人有权请求返还原物；对妨害占有的行为，占有人有权请求排除妨害或者消除危险；因侵占或者妨害造成损害的，占有人有权依法请求损害赔偿。

占有人返还原物的请求权，自侵占发生之日起一年内未行使的，该请求权消灭。